FELIX GERONIMO

El arte japonés
Breve introducción

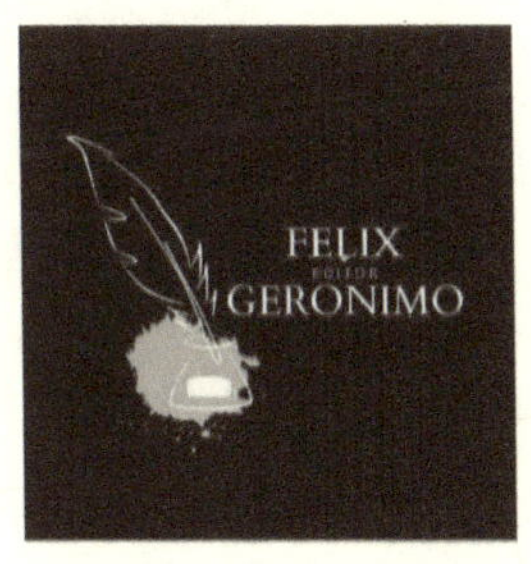

Publicado por Felix Geronimo en IngramSpark.com Portada creada con Canva.com. Imagen de la portada es fotografía de Kohji Asakawa en Pixabay.com. Interior editado con el editor de Reedsy.com

First edition

ISBN: 978-9945-063-21-9

This book was professionally typeset on Reedsy.
Find out more at reedsy.com

Contents

Introducción

Esta es una guía breve de la historia del arte en Japón, donde encontraremos todo menos la clásica cronología que podría esperarse de un libro formal. Nada de cúmulos de fechas y nombres difíciles de recordar. Más bien, este será un paseo por siglos de creatividad que, como una fiesta del té improvisada en medio de un jardín zen, nos invitará a explorar desde la seriedad monumental de los templos budistas hasta las ocurrencias de los Ukiyo-e con sus retratos de actores de Kabuki y bellezas urbanas.

Se tiene constancia de que las obras de arte en Japón, lo que es el inicio del arte y la arquitectura japoneses, comenzaron a producirse desde los primeros asentamientos humanos allí, en algún momento del siglo X a. C., hasta el presente.

Históricamente, Japón ha estado sujeto a invasiones repentinas de ideas nuevas y extrañas seguidas por largos períodos de contacto mínimo con el mundo exterior.

Con el tiempo, los japoneses desarrollaron la capacidad de absorber, imitar y finalmente asimilar aquellos elementos de la cultura extranjera que complementaban sus preferencias estéticas.

El primer arte complejo en Japón se produjo en los siglos VII y VIII en relación con el budismo. En el siglo IX, cuando los japoneses comenzaron a alejarse de China y desarrollar formas indígenas de expresión, las artes seculares se volvieron cada vez más importantes; hasta finales del siglo XV florecieron tanto las artes religiosas como las profanas.

Después de la guerra de Ōnin (1467-1477), Japón entró en un período de perturbación política, social y económica que duró casi un siglo. En el estado que surgió bajo el liderazgo del clan Tokugawa, la religión organizada desempeñó un papel mucho menos importante en la vida de las personas, y las artes que sobrevivieron fueron principalmente laicas.

La pintura es la expresión artística preferida en Japón; la practican aficionados y profesionales por igual. Hasta los tiempos modernos, los japoneses escribían con un pincel en lugar de un bolígrafo, y su familiaridad con las técnicas de pincel los ha hecho particularmente sensibles a los valores pictóricos.

Consideraron que la escultura era un medio mucho menos simpático para la expresión artística; la mayoría de las esculturas japonesas están asociadas a la religión, y el uso del medio disminuyó con la disminución de la importancia del budismo tradicional.

Las cerámicas japonesas se encuentran entre las mejores del mundo e incluyen los artefactos más antiguos de su cultura.

En arquitectura se expresan claramente las preferencias japonesas por los materiales naturales y la interacción del espacio interior y exterior.

El arte japonés se caracteriza por polaridades únicas. En las cerámicas de los períodos prehistóricos, por ejemplo, la exuberancia fue seguida por un arte disciplinado y refinado.

Otro ejemplo lo proporcionan dos estructuras del siglo XVI que son polos opuestos: el palacio Katsura es un ejercicio de simplicidad, con énfasis en materiales naturales, toscos y sin recortar, y una afinidad por la belleza lograda por accidente; mientras que el santuario de Toshogu es una estructura rígidamente simétrica repleta de relieves en colores vivos que cubren todas las superficies visibles.

El arte japonés, valorado por su simplicidad y por su colorida exuberancia, ha influido considerablemente en la pintura occidental del siglo XIX, en la arquitectura occidental del siglo XX y en la cultura pop del siglo XXI.

Desde las líneas delicadas y meticulosas de los grabados hasta los colores llamativos de los carteles de la era Meiji, cada época nos muestra un reflejo único de lo que significó ser japonés (¡o intentar parecerlo!) en cada período de su historia. Y, por supuesto, el arte moderno también se abrirá paso con sus formas y colores únicos.

Así que abróchate el obi, ten a mano una taza de matcha y prepárate para un recorrido que te hará ver a Japón como nunca antes, con toda la vida que puede caber en una hoja de papel de arroz o en una monumental escultura de bronce.

Prehistoria: períodos Jōmon, Yayoi y Kofun

Contexto

En Jōmon, Japón era una tierra habitada por gente que vivía de la pesca, la recolección y la caza menor. Después de unos 10,000 años de vida, ocurrió que llegó una oleada de inmigrantes desde el continente trayendo consigo el arroz.

El milagro del arroz y la consiguiente revolución agrícola inauguraron el período Yayoi. De repente, todos querían cultivar arroz, y la sociedad japonesa entró en una especie de frenesí agrícola. El país pasó de ser un pueblo de recolectores a una sociedad agrícola casi de la noche a la mañana.

Los Yayoi también trajeron el conocimiento del metal. El bronce y el hierro sustituyeron a las piedras pulidas en la fabricación de herramientas y de armas. Comenzaron a erigir estructuras de madera y zanjas para defender sus campos de arroz. La vida se volvió más organizada y aparecieron las primeras aldeas fortificadas.

Cuando las aldeas se fueron transformando en comunidades unidas, afloraron las diferencias de estatus. Ya había quienes tenían más arroz, mejores herramientas y, por supuesto, armaduras más sofisticadas. En otras palabras, se estaba formando una élite.

Llegamos así al período Kofun, conocido también como la era de los "grandes montículos". Mientras tanto, el poder de la élite aumentaba. Japón comenzó a consolidarse como una sociedad organizada. Algunos de estos líderes de clanes llegarían a fundar linajes que, con el tiempo, darían lugar a la familia imperial. La sociedad japonesa estaba comenzando a estructurarse alrededor de centros de poder regionales que terminarían unificando el país.

En ese Japón de hace miles de años no había samuráis, sushi ni castillos impresionantes; era un mundo donde los primitivos pobladores se las arreglaban para sobrevivir, haciendo arte entre sus actividades cotidianas. Sin embargo, incluso en esta época primitiva, ya existía un sentido estético único que evolucionó con cada nueva etapa de la historia. Vamos a dar un salto al pasado para entender cómo los antiguos japoneses dejaron huella, o más bien, vasijas y tumbas monumentales. Nos adentramos en los períodos Jōmon, Yayoi y Kofun, cada uno con su propio estilo, creatividad y forma peculiar de ver el mundo.

Período Jōmon

Los primeros pobladores de Japón, el pueblo Jōmon (circa 11,000-circa 300 a. C.), llamado así por las marcas de cordón que decoraban las superficies de sus vasijas de arcilla, eran cazadores-recolectores nómadas. Construyeron casas sencillas de madera y paja en excavaciones de tierra poco profundas para aprovechar el calor del suelo.

Los Jōmon fueron los primeros japoneses que hicieron arte. Eran cazadores y recolectores, no agricultores, pero ya sabían cómo moldear el barro para hacer cerámica. Y no eran tazas y platos simples; las piezas de cerámica Jōmon están entre las más antiguas del mundo y son extravagantes. Imagina sus vasijas cubiertas de patrones de cuerda enrollada. Pero, ¿por qué tanta decoración en sus vasijas? ¿Eran para guardar alimentos o simplemente querían algo bonito en casa? Quizá los Jōmon sintieron que, si iban a esforzarse tanto en cazar y recolectar, merecían un buen recipiente donde guardar sus frutos.

En la cima de la creatividad Jōmon encontramos las dogū, figurillas de barro que parecen sacadas de una película de ciencia ficción. Con ojos saltones y poses extravagantes, las dogū parecían tener un propósito espiritual o ritual. Algunos dicen que representan dioses, otros que eran muñecos vudú para proteger la cosecha (o, en su caso, el alijo de nueces y pescado seco). Pero hay quienes simplemente creen que los Jōmon disfrutaban creando cosas raras. Y lo lograron.

Período Yayoi

La siguiente ola de inmigrantes fue el pueblo Yayoi, llamado así por el distrito de Yayoi en Tokio, donde se encontraron restos de sus asentamientos.

Estas personas, que llegaron a Japón alrededor del 350 a. C., aportaron sus conocimientos sobre el cultivo de arroz en los humedales, la fabricación de armas de cobre y campanas de bronce (dōtaku), y la cerámica cocida con la técnica de hacerla girar en el horno.

En el período Yayoi, Japón da un salto evolutivo. La agricultura llega de la mano con el arroz, y con el arroz, el sedentarismo. Se despide el estilo de vida nómada y se da la bienvenida a la organización en aldeas. Aunque suene un poco sorprendente, la cerámica Yayoi es, en comparación, un tanto aburrida si la pones al lado de la Jōmon. Se vuelve más funcional, más sencilla y menos decorativa, porque ahora los Yayoi tenían que lidiar con tareas agrícolas. Si tienes que cuidar de una cosecha de arroz, no tienes tanto tiempo para hacer figurillas con ojos saltones.

Además de la cerámica, los Yayoi introdujeron la novedad del metal en el menú artístico japonés. El bronce y el hierro aparecen en forma de herramientas y armas, aunque también se hicieron objetos ceremoniales como los dōtaku, esas campanas de bronce que aún hoy no estamos muy seguros de para qué servían. ¿Rituales agrícolas? ¿Alarmas para espantar cuervos? Sea como sea, los dōtaku representan el inicio de una visión más práctica y al mismo tiempo sofisticada del arte.

Período Kofun

La tercera etapa en la prehistoria japonesa, el período Kofun (circa 250-552 d. C.), representa una modificación de la cultura Yayoi, atribuible al desarrollo interno o a la fuerza externa. En este período, diversos grupos de personas formaron alianzas políticas y se fusionaron en una nación.

Los artefactos típicos son los espejos de bronce, símbolos de alianzas políticas, así como esculturas de arcilla llamadas haniwa, erigidas fuera de las tumbas.

En el período Kofun, las cosas se vuelven serias y un poco siniestras. El nombre "Kofun" hace referencia a las tumbas gigantes que se construyeron en esta época para la élite. Piensa en colinas en forma de ojo de cerradura cubiertas de tierra y piedras, que guardaban los restos de los líderes más poderosos del momento, con sus espadas, espejos y otros tesoros. La obsesión por el más allá y por la grandeza llega a un punto álgido.

Como si las tumbas monumentales no fueran suficientes, los Kofun añadieron las mencionadas haniwa. Estas figuras de barro que rodeaban las tumbas representaban cualquier cosa: guerreros, animales, bailarines y hasta casas en miniatura. Las haniwa son quizás uno de los primeros indicios del futuro espíritu samurái japonés. Al parecer, los Kofun querían compañía para sus muertos y crearon a estos guardianes inmóviles. Pero, ¿cuál era su función? Algunos dicen que protegían a los difuntos, otros que eran simples adornos funerarios. Incluso puede que fueran una advertencia para que los extraños no se acercaran a las tumbas de los poderosos. O simplemente, que los Kofun querían demostrar que podían hacer estatuas mejores y más originales que los Yayoi.

Períodos Asuka y Nara

Contexto

Japón no siempre tuvo ese estilo distintivo que lo caracteriza hoy. Antes de los samuráis y los templos de madera lacada en rojo, el país estaba en pleno proceso de formación de su identidad cultural, y esto se refleja en los períodos Asuka y Nara, llamados así porque la sede del Gobierno japonés estaba ubicada en el Valle Asuka desde 552 hasta 710 y en la ciudad de Nara hasta 784.

No todos los estudiosos están de acuerdo en cuanto a las fechas significativas y los nombres apropiados para aplicar a varios períodos de tiempo entre el año 552, fecha oficial de la introducción del budismo en Japón, y el 784, cuando la ciudad de Nara dejó de ser la capital japonesa.

Las designaciones más comunes son el período de Suiko, 552-645; el período Hakuhō, 645-710; y el período Tempyo,

710-784.

Sin embargo, a lo largo de los siglos VII y VIII, el enfoque principal en los contactos entre Japón y el continente asiático fue el desarrollo del budismo. La transmisión del budismo proporcionó el ímpetu inicial para los contactos entre Corea, China y Japón.

Estos siglos fueron como la adolescencia de Japón: probaron estilos, se inspiraron en los vecinos (China y Corea) y tomaron decisiones que definirían su estética. He aquí el período de los Budas, de las pagodas y de la fiebre por el bronce.

En el período Asuka en particular, Japón era un hervidero de influencias externas. Lo que más les fascinó fue el budismo, que llegaba como un paquete de sabiduría con extras incluidos: templos, estatuas de Buda y un conjunto de ideas que amenazaban con desbancar las creencias nativas del sintoísmo, aunque finalmente terminaron coexistiendo. En lugar de limitarse a meditar bajo una cascada, los gobernantes de la época también adoptaron el confucianismo para establecer reglas y orden.

El príncipe Shōtoku, el gran personaje de esta época, es visionario, innovador y fan de la organización. Fue quien implementó el Código de Diecisiete Artículos, una especie de "manual para vivir bien" inspirado en el budismo y el confucianismo. Gracias a su trabajo, Japón empezó a consolidarse como un estado más centralizado, con burocracia inclusa.

En el momento del cambio de capital a Nara en el año 710 (y del inicio del período Nara como resultado), ya era palpable el amor por la burocracia. El gobierno empezó a crear registros exhaustivos de la población y se obsesionó con clasificar a todos, lo que sería como un antecedente del censo moderno. Si vivías en Nara, tus datos estaban bien guardados, eso sí, en pergaminos.

La vida de la gente común era relativamente sencilla y muy rural, lejos del bullicio de Nara. La mayoría eran campesinos que, entre rituales y cosechas de arroz, adoraban a los kami, esas deidades sintoístas locales, y rezaban para que la cosecha fuera buena y la lluvia abundante. Sin embargo, si vivías en la capital, veías a diario monjes budistas, rituales, ceremonias y desfiles imperiales, porque la vida urbana estaba rodeada de un ambiente casi mágico-religioso que le daba a la ciudad un toque de misterio.

No todo era paz y armonía. Hubo peste, malas cosechas y conflictos sociales. Sin embargo, la era Nara presume de su producción literaria. Fue entonces cuando se escribieron dos de los textos más importantes de Japón: el Kojiki y el Nihon Shoki. Ambos mezclan historia y mitología, y son el primer intento del país de plasmar su identidad en palabras, como si para entonces Japón hubiera decidido crear su perfil de redes sociales y llenarlo con sus orígenes divinos y logros imperiales.

Durante los períodos Asuka y Nara tuvo lugar la primera invasión significativa de la cultura continental asiática en Japón.

El arte en el período Asuka

El período Asuka marca el momento en que Japón descubre el budismo, y eso cambiaría su mundo. A través de embajadas e intercambios con China y Corea, los japoneses no solo adoptaron una nueva religión, sino también un estilo artístico completamente distinto. Era como si les hubieran mostrado un catálogo y los japoneses hubieran dicho: "Me lo llevo todo". Los templos budistas empezaron a surgir por doquier, y junto con ellos llegaron las estatuas de Buda, los frescos y un arte que fusionaba sus tradiciones locales con la estética continental.

También es reconocible de esta época la incorporación de ciertas facetas de la cultura China en Japón. Entre otras, un sistema para convertir ideas y sonidos en escritura; la historiografía; teorías complejas del gobierno, como una burocracia efectiva; y, lo más importante para las artes, tecnología avanzada, nuevas técnicas de construcción, métodos más avanzados de fundición en bronce y nuevas técnicas y medios para pintar.

Los artistas japoneses pronto desarrollaron su propio estilo para representar a Buda, y en este proceso le dieron vida a esculturas que se ven majestuosas y exóticas al mismo tiempo. Influenciados por el arte chino y coreano, pero adaptándolo a su manera, los escultores japoneses crearon figuras de Buda con una gracia y elegancia que parecían decir: "Sí, somos espirituales, pero también tenemos estilo". Las caras de los Budas Asuka son como el zen en su máxima expresión: ojos cerrados o semiabiertos, una expresión de paz profunda y un pequeño rastro de sonrisa.

Y no olvidemos que, en este período, el bronce estaba de moda. Los japoneses estaban obsesionados con el bronce. Hacían estatuas, espejos, adornos y objetos ceremoniales con este material. ¡Es que no había mejor manera de mostrar la devoción religiosa que esculpiendo una estatua enorme y brillante de Buda!

Las primeras estructuras budistas aún existentes en Japón, y los edificios de madera más antiguos del Lejano Oriente se encuentran en el Templo Hōryū-ji al suroeste de Nara, construido en el período Asuka e inaugurado en el año 607 (a principios del siglo VII).

El Hōryū-ji es uno de los templos budistas más antiguos de

Japón y toda una obra maestra de la arquitectura en madera. Este templo muestra cómo Japón comenzó a adaptarse al arte extranjero, pero con un toque propio. Dentro de Hōryū-ji encontramos esculturas de bronce de Buda, rostros serenos, posturas meditativas y una sensación de calma que quizá necesitaban en una época en la que cada clan estaba en conflicto. Aquí vemos un arte que quiere transmitir paz y estabilidad (aunque fuese algo irónico en aquel contexto).

Fue construido como el templo privado del príncipe heredero Shōtoku. Tiene 41 edificios independientes; los más importantes son la sala principal de adoración, o Kondo (Salón Dorado), y Gojū-no-tō (Pagoda de cinco pisos), que se encuentran en el centro de un área abierta rodeada por un templo budista.

El Kondo, al estilo de los salones de culto chinos, es una estructura de dos pisos de construcción de poste y vigas, coronada por un irimoya o tejado a dos aguas de tejas cerámicas.

Dentro del Kondo, en una gran plataforma rectangular, se encuentran algunas de las esculturas más importantes de la época. La imagen central es una Tríada Shaka (año 623), el Buda histórico flanqueado por dos bodhisattvas (santos budistas), una escultura moldeada en bronce por el escultor Tori Busshi (de principios del siglo VII) en homenaje al recientemente fallecido príncipe Shōtoku.

En las cuatro esquinas de la plataforma se encuentran los Reyes Guardianes de las Cuatro Direcciones, tallados en madera alrededor del año 650.

También se encuentra en Hōryū-ji el Santuario Tamamushi, una réplica de madera de un Kondo, que se encuentra sobre una base de madera alta y está decorado con pinturas figurativas ejecutadas con pigmentos minerales mezclados con laca.

El arte en el período Nara

El período Nara, llamado así por la primera capital permanente de Japón, continuó con la fiebre budista, pero esta vez llevándola a otro nivel. La capital, Nara, fue un intento ambicioso de Japón por establecer una ciudad planificada, al estilo de la China de los Tang. Podemos imaginar el esfuerzo de construir templos, palacios, estatuas y jardines como si Japón fuese China. Nara fue básicamente un gran ensayo de cómo se vería Japón si intentara ser China por un tiempo.

La construcción del templo en el siglo VIII se centró alrededor del Todai-ji en Nara, que comenzó a construirse en el año 728.

Construido como sede de una red de templos en cada una de las provincias, el Todai-ji es el complejo religioso más ambicioso erigido en los primeros siglos del culto budista en Japón. Se convirtió en un centro de devoción religiosa y en una muestra de poder y grandeza.

Apropiadamente, el Buda de 16,2 metros (53 pies), que se completó en el año 752 y fue consagrado en la sala principal, o Daibutsu, es un Buda Rushana, la figura que representa la esencia del budismo, así como el Todai-ji representaba el centro del budismo auspiciado por el imperio y su difusión en todo Japón. El Gran Buda de Nara es una obra impresionante y una de las mayores estatuas de bronce de Buda en el mundo. Los japoneses de Nara no escatimaron en bronce ni en ambición. La estatua refleja la enorme influencia china, pero también la determinación japonesa por hacer las cosas a lo grande. Solo sobreviven unos pocos fragmentos de la estatua original. La sala actual y el Buda central son reconstrucciones del período Edo.

Agrupadas alrededor del Daibutsuden en una ladera suavemente inclinada hay varias salas secundarias: el Hokke-dō (Salón Sutra del Loto), con su imagen principal, el Fukukenjaku Kannon (el bodhisattva más popular), hecho a mano de laca seca (tela sumergida en laca y modelada sobre una estructura de madera); el Kaidanin (Sala de Ordenación) con sus magníficas estatuas de arcilla de los Cuatro Reyes Guardianes; y el almacén, llamado Shōsōin.

Esta última estructura es de gran importancia como una memoria histórica de arte, porque en ella se almacenan los utensilios que se utilizaron en la ceremonia de dedicación del templo en el año 752, el ritual de revelación de la imagen de Rushana, así como documentos gubernamentales y muchos objetos laicos propiedad de la familia imperial.

Además de las estatuas y los edificios, el arte del período Nara incluye bellísimas pinturas murales, cerámicas refinadas y manuscritos decorados con detalles minuciosos. Una de las estrellas artísticas de esta época son los mandalas y otros elementos religiosos que decoraban los templos, llenos de simbolismo y complejidad. La influencia del budismo fue tan fuerte que hasta el emperador Shōmu se convirtió al budismo y ordenó que todos construyeran templos en sus provincias para asegurar la paz… y un poco de control central.

Período Heian

Contexto

En el año 794, la capital de Japón fue oficialmente transferida a Heiankyo (actual Kioto), donde permaneció hasta 1868. El término período Heian se refiere a los años comprendidos entre 794 y 1185, el final de la guerra civil de Genpei.

El período Heian se divide en dos tiempos: la era Heian temprana y el Heian tardío, que inicia en el año 894. El período Heian tardío lleva el nombre de la familia Fujiwara, en ese entonces la más poderosa del país, que gobernó como regente del emperador y se convirtió, de hecho, en una familia de dictadores civiles.

Un día típico en la vida de la élite de Heian desde el amanecer revela a unos aristócratas y cortesanos que pasaban horas preparando su apariencia. No existía nada parecido a levantarse y salir de casa en cinco minutos. El proceso de vestirse y maquillarse era toda una ceremonia. Las mujeres usaban hasta doce capas de kimonos, y tanto los hombres como las mujeres se maquillaban de blanco para parecer lo más pálidos posible. En un giro inesperado, las mujeres se pintaban los dientes de negro. Sí: ¡dientes negros! Esto era visto como un signo de distinción y belleza.

La obsesión con la elegancia se extendía más allá de la apariencia física. Había que saber escribir cartas hermosas, elegir el papel correcto y perfumarlo con la fragancia adecuada. Los intercambios de poemas eran la forma de coquetear, y se tomaban muy en serio: un verso mal rimado podía ser un escándalo social. Toda la comunicación en la corte era sutil y llena de dobles sentidos, lo que convertía cada relación en un juego de ingenio y sutileza.

El centro de la sociedad de Heian era la corte imperial en Kioto (ciudad que entonces se llamaba Heian-kyō). Aquí, los nobles vivían una vida llena de lujos y entretenimiento. La familia Fujiwara, a través de matrimonios estratégicos, se convirtió en la verdadera potencia política de la época, dejando al emperador en un papel más ceremonial que práctico. En la segunda parte del período Heian, los Fujiwara gobernaban, no desde un trono, sino desde las sombras, con una astucia y un estilo que podrían hacer envidiar a cualquier personaje de novelas de intriga política.

La vida en la corte giraba en torno a la literatura, la música y el teatro. En medio de este mundo culturalmente rico nació Genji Monogatari (La historia de Genji), de Murasaki Shikibu. Mientras Genji conquistaba corazones en la ficción, en la realidad los nobles y damas de la corte competían por los mejores rangos y favores imperiales. Los matrimonios eran esencialmente contratos políticos, y la habilidad para manipular el entorno social era crucial.

A la vez que en la corte se suspiraba entre capas de kimono, la vida fuera de Heian-kyō era bastante diferente. Casi toda la población se dedicaba a la agricultura, en su mayoría a la siembra de arroz. La vida en los campos era dura y sin el lujo de la corte, y los campesinos trabajaban largas jornadas para mantener a una nobleza que, francamente, probablemente nunca había tocado un azadón en su vida.

En el campo, el budismo y el sintoísmo formaban parte esencial de la vida diaria. La gente adoraba a sus kami locales, rezando para que las cosechas fueran buenas y las tormentas no arrasaran sus casas. Las clases bajas miraban con reverencia (y quizá con un poco de desdén) a la corte, cuyas decisiones afectaban sus vidas sin que ellos tuvieran voz alguna. La distancia entre las élites y el pueblo era enorme: la corte vivía en su burbuja de seda y poesía; el campesinado se enfrentaba a hambrunas y difíciles condiciones de vida.

Puesto que nada dura para siempre (ni siquiera la belleza refinada de la corte Heian), ocurrió que al final de este período el sistema político se debilitó, y el poder de la familia Fujiwara empezó a declinar. Surgieron familias guerreras que empezaron a consolidarse como una nueva clase poderosa. En tanto que los cortesanos seguían componiendo poemas y pintándose los dientes de negro, las tensiones y conflictos entre clanes samuráis comenzaban a crecer.

A medida que las luchas internas aumentaban, los samuráis fueron tomando más protagonismo. Eso originó un nuevo sistema feudal que culminaría en un cambio de una sociedad centrada en el arte y el lujo a una más militar y pragmática en el período siguiente, el período Kamakura.

Buscando la autenticidad

Un Japón donde todo es lujo, elegancia y delicadeza: el período Heian, un tiempo en el que la nobleza japonesa estaba obsesionada con la belleza, la poesía, y… un poco de drama cortesano. Aquí comienza el estilo japonés en su máximo esplendor: nada de copiar a los chinos, nada de influencias extranjeras, solo la búsqueda de perfección y refinamiento. Los nobles del período Heian pasaron sus días entre pergaminos decorados, poesía melancólica y retratos de romances prohibidos.

Mono no aware

El arte del período Heian está definido principalmente por la estética de "mono no aware", que podríamos traducir libremente como "la belleza de la tristeza" o "la belleza de la fugacidad". Básicamente, los nobles de la corte imperial pasaban sus días apreciando lo efímero de la vida y poniéndose un poco melancólicos por ello. No es de extrañar que pasaran horas admirando cómo caían las flores de cerezo o suspirando al ver el otoño pintar las hojas de rojo y dorado. En cada aspecto del arte Heian, desde la pintura hasta la poesía, se hacía presente este sentido de lo efímero.

La escritura como arte

Para los nobles de Heian, la escritura no era solo un medio de comunicación: ¡era arte puro! La caligrafía japonesa alcanzó un nuevo nivel en este período, con los nobles compitiendo para ver quién podía escribir los caracteres más hermosos. La tinta se deslizaba sobre los pergaminos con tal delicadeza que cada letra parecía danzar en la página. Y no se trataba solo de escribir de forma bonita; la elección de palabras era crucial. Una carta romántica podía ser tan poética como devastadora, con palabras tan elegantes que podrían derretir el corazón más frío de la corte.

El papel, además, estaba decorado con patrones de flores, nubes o montañas, pintados a mano. Algunas cartas incluían incluso perfume. Así es: en la corte Heian se tomaban las cartas de amor tan en serio que a veces resultaban en una verdadera experiencia sensorial. Es como si hoy en día enviaras un mensaje de texto y te preocuparas por el tipo de letra, el fondo de pantalla y el aroma que va a desprender el teléfono al abrir el mensaje.

Arquitectura

En el período Heian se desarrollaron palacios y jardines que eran auténticas obras de arte. Los nobles vivían en mansiones construidas siguiendo el estilo shinden-zukuri, que consistía en pabellones conectados por pasillos y rodeados de estanques y jardines. Todo estaba organizado para permitir una interacción con la naturaleza: los jardines estaban diseñados para ofrecer vistas perfectas de los cerezos en flor en primavera, o de la luna reflejada en el agua en otoño. La naturaleza y la arquitectura se integraban de tal manera que cada estación ofrecía una experiencia nueva y poética.

Uno de los lugares más famosos de esta época es el Palacio Imperial de Heian, una obra maestra de madera, sencillez y proporción que fue la residencia imperial y el centro administrativo durante casi todo el período Heian.

Allí, los nobles podían deleitarse con el reflejo de las montañas en sus estanques o perderse en pensamientos profundos mientras paseaban por sus jardines. No necesitaban mucho más para ser felices... o al menos, para escribir una buena poesía sobre lo mucho que extrañaban a alguien.

Arte del Heian temprano

En reacción a la creciente riqueza y poder del budismo organizado en Nara, el sacerdote Kūkai (conocido con el nombre póstumo de Kōbō-Daishi, 774-835) viajó a China para estudiar Shingon, una forma más rigurosa de budismo, que introdujo en Japón en 806.

En el núcleo de la adoración Shingon están los mandalas, diagramas del universo espiritual; el Kongokai, una tabla de la miríada de mundos del budismo; y el Taizōkai, una representación pictórica de los reinos del universo budista.

Los templos erigidos por esta nueva secta fueron construidos en las montañas, lejos de la corte y de los laicos en la capital. La topografía irregular de estos sitios obligó a los arquitectos japoneses a reconsiderar los problemas de la construcción del templo y, al hacerlo, a elegir más elementos indígenas de diseño.

Los techos de corteza de ciprés reemplazaron a los de cerámica, se usaron tablones de madera en lugar de pisos de tierra y se añadió un área de adoración separada para los laicos frente al santuario principal.

El templo que mejor refleja el espíritu de los primeros templos de Heian Shingon es el Muro-ji (principios del siglo IX), ubicado en lo profundo de un bosque de cipreses en una montaña al sureste de Nara.

La imagen de madera de Shaka, el Buda "histórico" (principios del siglo IX), consagrado en un edificio secundario en el Muro-ji, es típica de la escultura Heian temprana: con su cuerpo pesado, cubierto por gruesos pliegues de cortinas talladas con la técnica de escultura honpa-shiki (diseño de olas ondulantes) y la expresión facial austera y retraída.

Arte Fujiwara

En el período Fujiwara se popularizó el Budismo de la Tierra Pura, que ofrecía una salvación fácil a través de la creencia en Amida (el Buda del Paraíso Occidental). Al mismo tiempo, la nobleza de Kioto desarrolló una sociedad dedicada a actividades estéticas elegantes.

Tan seguro y hermoso era su mundo que no podían concebir el Paraíso como algo muy diferente. La sala de Amida, que combinaba lo secular con lo religioso, albergaba una o más imágenes de Buda dentro de una estructura que se asemejaba a las mansiones de la nobleza.

El Hōō-dō (Salón del Fénix, completado en 1053) del templo Byōdō-in, un templo en Uji al sureste de Kioto, es el ejemplo por excelencia de los salones de Fujiwara Amida.

Consiste en una estructura rectangular principal flanqueada por dos corredores de ala en forma de L y un corredor de cola, ubicado en el borde de un gran estanque artificial. En el interior, una única imagen dorada de Amida (circa 1053) está instalada en una plataforma alta.

La escultura Amida fue ejecutada por Jōchō, quien usó un nuevo canon de proporciones y una nueva técnica (yosegi), en la cual varias piezas de madera se tallan como conchas y se unen desde el interior. Aplicados a las paredes de la sala hay pequeños tallados en relieve de seres celestiales. Se cree que esos seres acompañaban a Amida cuando descendía del Paraíso Occidental para recoger las almas de los creyentes en el momento de la muerte y transportarlas en flores de loto al Paraíso.

Las pinturas de Raigō (Descenso del Buda Amida en una Nube) en las puertas de madera del Hōō-dō son un ejemplo temprano de la pintura de estilo japonés Yamato-e, ya que contienen representaciones del paisaje alrededor de Kioto.

El emaki en el Fujiwara

En el último siglo del período Heian, saltó a primer plano la narrativa ilustrada en forma horizontal conocida como el emaki. ¿Te gusta leer cómics o novelas gráficas? Pues los japoneses de Heian fueron pioneros en esta idea con los emaki, o rollos ilustrados, que combinaban imágenes y texto para narrar historias.

Los emaki son particularmente sobresalientes porque permitían a los artistas mostrar emociones sin diálogos. Por ejemplo, si en una escena de emaki veías a un noble mirando al horizonte con un ceño sutilmente fruncido, sabías que estaba sufriendo por amor o porque su amada le había ignorado en la fiesta de la noche anterior. Era todo muy sutil, porque en Heian nada se mostraba de forma obvia. Los artistas de este período usaban colores suaves, expresiones sutiles y un estilo casi etéreo para captar la esencia de sus personajes.

El cuento ilustrado de Genji, que data de alrededor de 1130, representa uno de los grandes logros de la literatura y del arte de este período y uno de los puntos culminantes de la pintura japonesa. Escrito alrededor del año 1000 por Murasaki Shikibu, quien era dama de honor de la emperatriz Akiko, la novela aborda la vida y los amores del príncipe Genji y el mundo de la corte Heian después de su muerte. Es a la vez la primera novela del mundo y una gran saga. Esta historia de amores imposibles, intrigas palaciegas y romances trágicos cautivó a los lectores de su época e inspiró a artistas a ilustrar sus escenas, creando rollos pintados y manuscritos decorados que aún hoy nos hablan de la pasión y el drama de la corte Heian; todo ello entre colores delicados y patrones florales que no podían faltar.

Los artistas del siglo XII, artífices de la versión emaki, idearon un sistema de convenciones pictóricas que transmiten visualmente el contenido emocional de cada escena. El Genji Monogatari Emaki es el nombre que recibe esta serie de rollos que ilustran escenas de "El cuento de Genji". Cada imagen está llena de detalles meticulosos: habitaciones palaciegas, jardines con cerezos en flor y los personajes luciendo ropajes tan coloridos y elegantes que podríamos decir que son los primeros looks dignos de la alfombra roja de la historia japonesa.

En la segunda mitad del siglo se popularizó un estilo diferente y más vivo de ilustración narrativa continua.

El Ban Dainagon Ekotoba (finales del siglo XII), rollo que trata sobre una intriga en la corte, enfatiza figuras en movimiento activo representadas en pinceladas que se ejecutan rápidamente, en colores delgados pero vibrantes.

Período Kamakura

Contexto

En el año 1180 estalló una guerra civil entre dos clanes militares: el Taira y el Minamoto. Cinco años más tarde, Minamoto salió victorioso y estableció un asiento de gobierno de facto en el pueblo costero de Kamakura, donde permaneció hasta 1333. Así nació el gobierno de los samuráis.

El hombre que inició todo esto fue Minamoto no Yoritomo, quien, tras aquella serie de enfrentamientos legendarios, que se conocieron como las Guerras Genpei, se coronó como el primer shogun de Japón en 1192. Al establecer su gobierno en Kamakura, dio nombre al período, y creó el bakufu, una especie de gobierno militar que controlaba todo desde las sombras. Aunque el emperador seguía existiendo, era una figura más decorativa que otra cosa, como un rey en el tablero de ajedrez sin permiso para moverse.

La vida para un samurái en esta época no era tan glamurosa como a veces la representa el arte. Los samuráis vivían de acuerdo con un estricto código de conducta que con el tiempo se convertiría en el famoso bushido: el "camino del guerrero". Esto implicaba dedicarse de lleno a la disciplina, la lealtad a su señor y estar dispuestos a morir con honor. Entre sesiones de entrenamiento con arco y espada, debían tener en cuenta su filosofía de vida. Si alguien insinuaba que su honor estaba en juego, el único remedio era un duelo o, en el peor de los casos, el harakiri (o seppuku): el suicidio ritual que garantizaba que morirían con la dignidad intacta.

Ser un samurái significaba vivir en estado de alerta constante, tanto en la paz como en la guerra. Sus días estaban llenos de ejercicios, prácticas de combate y estrategias militares. También había tiempo para las artes, aunque menos que en el período Heian. La poesía y la pintura no desaparecieron, pero tenían un tono más austero que reflejaba la vida seria y disciplinada de la clase guerrera.

Fuera de la élite guerrera, la mayoría de la población japonesa seguía siendo campesina. La gente trabajaba la tierra con la esperanza de una buena cosecha y vivía al margen de las decisiones de la clase samurái. Su vida giraba en torno a las estaciones, la siembra de arroz y la adoración de los kami locales (aquellas deidades sintoístas), rogando por el buen clima y por cosechas abundantes. Los campesinos estaban en el estrato más bajo de la sociedad; sin los lujos ni el código de honor de los samuráis, sus vidas eran igualmente duras y llenas de desafíos.

En este período comenzó a tomar fuerza el budismo zen, una filosofía y práctica espiritual que fascinó tanto a los samuráis como a la gente común. El budismo zen, con su enfoque en la meditación y la búsqueda de la iluminación interior, se adaptaba perfectamente a la mentalidad samurái, que valoraba la disciplina y la serenidad. La gente encontraba en el zen un consuelo ante las dificultades de la vida, mientras que los samuráis lo practicaban como una forma de mantenerse serenos y enfocados, incluso en el caos de la batalla.

Uno de los eventos más dramáticos de este período fue la invasión mongola. Ocurrió que Kublai Kan, nieto de Gengis Kan, envió su ejército a Japón en 1274 y nuevamente en 1281. Los japoneses se prepararon con toda su fuerza samurái, pero, sinceramente, el ejército mongol era temible y parecía imposible de vencer. Los mongoles tenían tecnología avanzada, catapultas y estrategias que los samuráis no habían visto nunca.

Sin embargo, en ambas ocasiones, cuando la situación parecía desesperada para Japón, un tifón apareció de repente y destruyó la flota mongola. Estos tifones se llamaron kamikaze, o "viento divino", porque los japoneses creyeron que se trató de una intervención de los dioses para salvar su país. Aunque los samuráis lucharon con valentía, la ayuda de la madre naturaleza fue lo que realmente frustró la invasión. Esta victoria, atribuida al viento divino, alimentó la leyenda de la fuerza y la protección espiritual de Japón.

Con el tiempo, los problemas económicos y las tensiones internas comenzaron a debilitar el gobierno militar. Los samuráis que habían luchado contra los mongoles se sintieron frustrados porque no recibieron las recompensas que esperaban, y los descontentos aumentaron. Finalmente, el emperador Go-Daigo, cansado de ser una marioneta del shogunato, intentó recuperar el poder y encabezó una rebelión contra el bakufu. Esto dio lugar a una guerra civil que acabó con el gobierno de Kamakura en 1333.

El período Kamakura terminó en medio de conflictos y revueltas, y Japón pasó a una nueva etapa: el período Muromachi. La sociedad se preparaba para una fase aún más turbulenta, lo que no impidió que el legado de los samuráis y su código de honor quedaran grabados en la historia.

El arte de los samuráis

Con el período Kamakura llegó la hora de un cambio radical en la historia del arte japonés. Si en el período Heian veíamos a nobles delicados suspirando bajo los cerezos y escribiendo poesía, el período Kamakura es como un torbellino lleno de guerreros, estatuas de dioses furiosos y un nivel de realismo que dejaría a cualquier retratista moderno impresionado.

Con el poder de la nobleza para la clase guerrera, las artes tuvieron que satisfacer a una nueva audiencia: soldados dedicados a las habilidades de la guerra; sacerdotes comprometidos a hacer que el budismo estuviera disponible para los plebeyos analfabetos, y los conservadores, la nobleza y algunos miembros del sacerdocio que lamentaban el poder decreciente de la corte.

Con el gobierno de los samuráis vino un estilo artístico más potente, sólido y legendario. El arte Heian es como una película romántica de época frente al arte Kamakura, que es como una serie llena de acción, como Juego de tronos, pero con katanas y budismo zen. Aquí se dejaron a un lado las delicadezas y se adoptó una estética mucho más robusta y emotiva, en la que se fusionaron la espiritualidad y el poder militar.

Esta nueva clase gobernante de guerreros no tenía mucho tiempo para poemas ni cartas perfumadas; ellos necesitaban expresiones de fuerza, disciplina y respeto. El arte Kamakura refleja esa mentalidad más realista y sin filtros. Despedimos a las figuras etéreas y estilizadas de Heian; ahora vemos retratos detallados con arrugas, músculos y venas visibles. Kamakura fue el primer período en el que los artistas japoneses dijeron: "Vamos a hacer que estos monjes y guerreros se vean reales… y también un poco aterradores".

Por lo tanto, lo que caracteriza el arte del período Kamakura es el realismo, una tendencia a lo popular y un renacimiento clásico.

Escultura

La escuela de escultores Kei, particularmente el escultor Unkei, creó un nuevo estilo de escultura más realista. Estos escultores llevaron el realismo a un nuevo nivel. ¿Quieres una estatua de un monje? Pues bien, Unkei te esculpía cada arruga, cada pelo de la barba y hasta las venas en las manos. ¿Una escultura de un dios budista protector? Prepárate para una figura imponente, con ojos fieros y músculos que casi parecen salir de la estatua. Estas obras no eran solo arte: eran experiencias visuales que buscaban impactar al espectador y recordarle que el mundo espiritual era algo que respetar… y también temer.

El budismo, especialmente en su versión más esotérica, encontró su apogeo en Kamakura. Y junto con él, llegaron algunas de las estatuas más imponentes de la historia del arte japonés. Si piensas en el budismo como algo tranquilo y pacífico, los artistas de Kamakura te harían cambiar de idea rápidamente. Aquí, los guardianes de los templos y las deidades protectoras no son figuras serenas sentadas en posición de loto; son seres colosales con expresiones que dicen algo así como "no te metas conmigo".

Un gran ejemplo de esto son las estatuas Niō, dos dioses guardianes que solían colocarse a la entrada de los templos para espantar a los espíritus malignos (y probablemente a cualquiera que tuviera la osadía de entrar sin quitarse los zapatos). Estos Niō tenían ojos enormes y musculaturas que ni siquiera un campeón olímpico podría igualar, y estaban esculpidos con un nivel de realismo que asombra hasta hoy. A su lado, cualquier musculoso de gimnasio moderno parecería un simple aprendiz.

Las dos imágenes de guardias Niō (1203) en la Gran Puerta Sur del Templo Tōdai-ji en Nara ilustran el estilo suprarrealista dinámico de Unkei.

Las imágenes, de unos 8 metros (unos 26 pies) de altura, fueron talladas en múltiples bloques en un período de aproximadamente tres meses, una hazaña indicativa de un sistema de estudio desarrollado por artesanos que trabajan bajo la dirección de un maestro escultor.

Las esculturas policromas de madera de Unkei (Templo Kōfuku-ji, Nara, 1208) de dos sabios indios, Muchaku y Seshin, los legendarios fundadores de la secta Hosso, se encuentran entre los trabajos realistas más logrados de la época; como los representa Unkei, son imágenes notablemente individualizadas y creíbles.

Caligrafía y pintura

El período Kamakura también dio lugar a algunos de los mejores emaki (rollos ilustrados) de la historia japonesa. Y ya que hablamos de samuráis, no vamos a ver cuentos románticos ni melancolías florales; estamos hablando de escenas de guerra, rebeliones y estrategias militares. Uno de los rollos más famosos es el Heiji Monogatari Emaki, que narra las rebeliones y batallas entre clanes samurái en un estilo gráfico muy detallado y cargado de acción.

En estos emaki, vemos batallas campales donde los artistas capturaron hasta el último detalle: soldados en combate, caballos en plena carrera y hasta los expresivos rostros de los samuráis, que muestran tanto la furia de la batalla como el temor a morir. Era una manera de documentar los conflictos y victorias de los clanes de una forma que quedaba grabada en la historia y en el arte, y que daba a los nobles y guerreros una excusa perfecta para decir: "¡Miren lo que logramos!".

Por otra parte, el Kegon Engi Emaki, la historia ilustrada de la fundación de la secta Kegon, es un excelente ejemplo de la tendencia popular en la pintura de Kamakura.

La secta Kegon, una de las más importantes del período de Nara, pasó por tiempos difíciles durante el ascenso de las sectas de la Tierra Pura. Después de la guerra civil de Genpei (1180-1185), el sacerdote Myo-e del templo de Kozanji buscó revivir la secta y también proporcionar un refugio a las mujeres enviudadas por la guerra.

Las esposas de los samuráis, e incluso las mujeres nobles, no aprendían más que un sistema de silabario para transcribir sonidos e ideas, y la mayoría eran incapaces de leer textos que emplearan ideogramas chinos.

Por lo tanto, el Kegon Engi Emaki combina pasajes de texto, escritos con un máximo de sílabas fáciles de leer, e ilustraciones con el diálogo escrito al lado de los hablantes, una técnica comparable a las historietas contemporáneas.

La trama del emaki, la vida de los dos sacerdotes coreanos que fundaron la secta Kegon, se acelera rápidamente y se llena de hazañas fantásticas, como un viaje al palacio del Rey del Océano y una conmovedora historia de amor.

Un trabajo en un estilo más conservador es la versión ilustrada del diario de Murasaki Shikibu. Las versiones emaki de su novela siguieron produciéndose, pero la nobleza, en sintonía con el nuevo interés por el realismo, a la vez que nostálgica por los días pasados de riqueza y poder, revivió e ilustró el diario para recuperar el esplendor de los tiempos de la autora.

Uno de los pasajes más bellos ilustra el episodio en el que Murasaki Shikibu es apresada y retenida en su habitación por dos jóvenes cortesanos, mientras que afuera, la luz de la luna brilla en las orillas cubiertas de musgo de un riachuelo en el jardín imperial.

Arquitectura

El período Kamakura no fue solo un tiempo de estatuas y pergaminos épicos; también trajo una renovación en la arquitectura de los templos. Los templos budistas fueron diseñados para soportar los desastres naturales que azotan Japón, y el estilo Kamakura dio lugar a estructuras de madera robustas y duraderas. Uno de los mejores ejemplos es el Gran Buda de Kamakura, una estatua de bronce de casi 14 metros de altura. Aunque originalmente estaba dentro de un templo, un tsunami se llevó la estructura pero no al Buda, que sigue ahí, con su expresión serena (e inamovible), mirando hacia el horizonte. Este tipo de estructuras duraderas es el orgullo de ese período: arquitectura sólida para un tiempo de samuráis y de fortaleza espiritual.

Los arquitectos de Kamakura desarrollaron técnicas avanzadas para construir estos templos y pagodas, usando maderas unidas sin necesidad de clavos, una técnica llamada kanawatsugi, lo que hacía a estas estructuras casi indestructibles. ¿Quién necesita tornillos cuando tienes samuráis ingeniosos?

Paisajismo

No todo era músculo y guerreros de aspecto aterrador. Fue en el período Kamakura cuando el budismo zen comenzó a ganar popularidad, trayendo consigo un gusto por la simplicidad y la contemplación. Este fue el inicio de los jardines secos, o karesansui, esos jardines de rocas y arena rastrillada que, a simple vista, parecen tan sencillos, pero que requieren un toque increíblemente cuidadoso para captar la esencia de la naturaleza.

Los monjes zen utilizaban esos jardines como herramientas de meditación para enseñar a los visitantes que incluso un simple patrón en la arena puede llevar a una comprensión más profunda de la vida. Mientras que en los emaki se desataban batallas heroicas, en los jardines zen se alcanzaba la calma absoluta. Fuerza y serenidad, caos y orden, coexistían en el mismo período.

Período Muromachi

Contexto

El período Muromachi (1338-1573) fue una etapa caótica, colorida y, por momentos, hasta surrealista de la historia de Japón. Si el período Kamakura había sido una época de disciplina y honor samurái, el Muromachi transcurrió como si alguien hubiera dejado sueltos a los samuráis en una fiesta medieval sin supervisión. Mientras los shogunes Ashikaga intentaban imponer algo de orden desde su base en el distrito de Muromachi en Kioto, los clanes guerreros y los señores feudales parecían vivir en algún juego que podríamos llamar "quién es el más poderoso de Japón".

Durante el Muromachi, los samuráis seguían siendo la clase dominante, pero su reputación de honor se mezclaba cada vez más con la de pleitistas. Los señores feudales, conocidos como daimyōs, eran prácticamente los reyes de sus propios territorios y actuaban como si el shogun fuera una especie de tío lejano a quien uno saluda en las fiestas, pero que no consulta para decisiones importantes. Y es que, si bien el shogunato Ashikaga intentaba mantener un gobierno central, la realidad era que los daimyōs hacían y deshacían a su antojo. Cada uno quería tener el poder supremo, y eso convertía al país en un gigantesco tablero de ajedrez… con muchas peleas.

La gente común vivía bajo la protección de estos señores feudales, siempre listos para trabajar las tierras y cultivar arroz. Aunque no tenían mucha voz en los asuntos de política, sus vidas no eran tan monótonas. Entre guerras, temporadas de siembra y algunos saqueos ocasionales de clanes rivales, la vida de los campesinos tenía su propia dosis de emoción. Cuando no estaban trabajando, participaban en festivales religiosos y celebraciones comunitarias que ayudaban a mantener el ánimo.

Con el país en una especie de largometraje de luchas entre clanes, comenzó a ocurrir algo aparentemente contradictorio, y es que el comercio floreció. La relación con China se restableció, y los comerciantes japoneses comenzaron a exportar sus productos y recibir seda, porcelana y muchas otras excentricidades chinas a cambio. Estos intercambios trajeron productos, pero también ideas, religiones y nuevas costumbres.

Durante esta época, el budismo zen se convirtió en una influencia importante, tanto para los samuráis como para los artistas. La meditación zen ayudaba a los guerreros a mantenerse serenos en la batalla (y a no perder la calma cuando los clanes rivales hacían una visita inesperada). Pero el zen influyó también en la estética de la época: jardines de rocas minimalistas, ceremonias de té muy formales y caligrafía sobria y sofisticada. En esta era, beber té no era solo beber té: era un acto de concentración, paz y etiqueta, como una especialidad en "siéntate y observa tu taza".

A mitad del período Muromachi, Japón entró en una fase de guerra civil conocida como el período Sengoku, o "período de los Estados Combatientes" (aproximadamente desde 1467 hasta 1615). Si antes había un poco de anarquía, ahora parecía que todos se habían vuelto locos. Era como si cada daimyō pensara: "¿Por qué no intento convertirme en shogun?". La Guerra Ōnin (1467-1477) fue el inicio de este desastre. Los clanes más poderosos luchaban entre sí y, al cabo de diez años de conflicto, Kioto quedó en ruinas y los Ashikaga básicamente perdieron el control sobre el país.

Los campesinos y las aldeas sufrían los efectos de esta guerra interminable. Si bien muchos se refugiaban o intentaban protegerse, surgieron movimientos de rebelión, como la revuelta de los ikki. Estos eran grupos de campesinos que, cansados de los abusos de los señores feudales, decidieron defenderse por sí solos, lo cual trajo algunos momentos de poder a la gente común.

Con el caos en el país, surgieron personajes fascinantes que comenzaron a luchar no solo por sus propios territorios, sino también por unificar Japón. Este fue el caso de tres grandes caudillos que se volvieron leyendas: Oda Nobunaga, Toyotomi Hideyoshi y Tokugawa Ieyasu.

Oda Nobunaga fue un líder que tenía algo de visionario con una pizca de locura. Su lema era Tenka fubu, que puede traducirse como "el reino sujeto a lo militar". Decidió usar estrategias militares que ningún otro señor feudal había intentado antes. Trajo armas de fuego europeas y las usó en sus batallas, con lo que cambió para siempre el estilo de combate japonés. Aunque Nobunaga no logró unificar todo Japón, abrió el camino.

Toyotomi Hideyoshi, su sucesor, fue tan ambicioso como Nobunaga. Provenía de una familia humilde, pero logró ascender en el escalafón militar y continuó la campaña de unificación. Hideyoshi llegó a controlar casi todo el país y, en un arrebato de confianza, intentó incluso invadir Corea (aunque no tuvo mucho éxito). También introdujo reformas, como la prohibición de que los campesinos portaran armas, asegurándose de que solo los samuráis pudieran llevar katanas.

El período Muromachi terminó oficialmente en 1573 cuando Oda Nobunaga expulsó al último shogun Ashikaga de Kioto, lo que marca el inicio de la transición hacia el período Azuchi-Momoyama y, finalmente, el período Edo, una época de paz relativa bajo el shogunato Tokugawa. Con la llegada de Tokugawa Ieyasu al poder, Japón se unificaría por fin, y los constantes conflictos terminarían... al menos por un tiempo.

El arte Muromachi

Durante el período Muromachi, también llamado el período Ashikaga, se produjo un cambio profundo en la cultura japonesa.

El clan militar Ashikaga tomó el control del shogunato y trasladó su sede de regreso a Kioto, al distrito Muromachi de la ciudad.

El retorno del gobierno a la capital puso fin a las tendencias popularizadoras del período Kamakura, y la expresión cultural adquirió un carácter más aristocrático y elitista.

El Budismo Zen, la secta Ch'an que tradicionalmente se cree que se fundó en China en el siglo VI d. C., se introdujo por segunda vez en Japón y se arraigó.

Los samuráis del período Kamakura ya nos habían dado un adelanto de su poder y devoción. Ahora, con la era Muromachi, nos enteramos de que aquello fue solo el comienzo. Este período es como una película de artes marciales y espiritualidad zen, mezclada con una obra teatral repleta de intrigas, traiciones, guerras y arte que evoluciona constantemente en medio del caos. Ahora, los guerreros eran poetas, los jardines se diseñaban como templos de la mente y las pinturas parecían un sueño zen en tinta. A pesar del caos, el período Muromachi no fue solo batallas y conflictos; también fue una era de cultura vibrante.

Pintura

Debido a las aventuras seculares y las misiones comerciales a China organizadas por los templos zen, muchas pinturas chinas y objetos de arte fueron importados a Japón e influyeron profundamente en los artistas japoneses que trabajaban para los templos zen y el shogunato.

Estas importaciones no solo cambiaron el tema de la pintura, sino que también modificaron el uso del color; los colores brillantes del Yamato-e cedieron a los monocromos de la pintura a la manera china.

A diferencia del fuerte realismo de Kamakura, la pintura Muromachi es como una brisa calmante para la mente. En esta época, el arte zen, especialmente el suiboku-ga (pintura en tinta), alcanzó su máxima expresión. La clave de esta técnica era la simplicidad; mientras menos líneas y colores se usaran, mejor. En vez de hacer retratos detallados y coloridos, los artistas del suiboku-ga agarraban un pincel, lo mojaban en tinta negra y creaban paisajes minimalistas y llenos de vacío, como si quisieran hacer un dibujo y, al mismo tiempo, dejarnos meditando sobre el sentido de la vida.

Estos paisajes, en especial montañas cubiertas de niebla, ríos serpenteantes y algún monje solitario cruzando un puente, transmiten una paz que solo el zen puede lograr. La clave estaba en no tratar de imitar el mundo, sino en captar su esencia. En la mente de un maestro zen, menos es más, y ese espacio vacío en las pinturas es igual de importante que las formas que se dibujan. Los maestros de esta técnica, como Sesshū Tōyō, podrían pasar horas, días, tal vez semanas observando un paisaje, para después plasmarlo en un par de líneas y decir: "Ahí está, el universo entero". ¡Filosofía en un trazo de tinta!

Típico de la pintura temprana de Muromachi es la representación del sacerdote-pintor Kao (activo a principios del siglo XV) sobre el legendario monje Kensu (Hsien-tzu en chino) en el momento en que alcanzó la iluminación. Este tipo de pintura se ejecutaba con pinceladas rápidas y un mínimo de detalles.

Un Hombre Cogiendo un Pez-gato (principios del siglo XV, Taizo-in, Myoshin-ji, Kioto), por el sacerdote pintor Taikō Josetsu (activo hacia 1400), marca un punto de inflexión en la pintura de Muromachi.

Ejecutada originalmente como una pieza de humor zen, o como un kōan en forma visual diseñado para provocar al espectador a nuevas formas de "ver", esta pintura consiste en un rollo colgante con inscripciones, una de las cuales se refiere a la pintura como si se hubiera realizado en el "nuevo estilo". En primer plano se representa a un hombre en la orilla de un arroyo sosteniendo una pequeña calabaza y mirando un gran bagre resbaladizo. La niebla llena el terreno intermedio, y las montañas de fondo parecen estar lejos en la distancia.

En general se ha supuesto que el "nuevo estilo" de la pintura, ejecutado alrededor de 1413, se refiere a una sensación más china del espacio profundo dentro del plano de la imagen.

Los artistas más destacados del período Muromachi son los sacerdotes pintores Shūbun y Sesshū.

Shūbun, un monje del Templo Shōkoku-ji en Kioto, creó en la pintura Un Sabio Leyendo en una Ermita en un Bosque de Bambú (1446) un paisaje realista con una profunda depresión en el espacio.

Sesshū, a diferencia de la mayoría de los artistas de la época, pudo viajar a China y estudiar la pintura china en su origen. El Rollo del Largo Paisaje es una de las obras más logradas de Sesshū, y representa un paisaje continuo durante las cuatro estaciones.

Arquitectura de los templos

El Kinkaku-ji, también conocido como el Pabellón de Oro, es un emblemático templo budista zen ubicado en Kioto, y uno de los sitios más icónicos del país. El templo actual fue construido en el período Muromachi, aunque el sitio donde se encuentra tiene una historia que se remonta al período Kamakura, cuando fue la villa de descanso del shogun Ashikaga Yoshimitsu. Se inspira en el concepto de retiro espiritual y fue diseñado como un lugar de contemplación y retiro para el shogun y su corte. Combina la estética budista con la belleza natural circundante. Su estructura de tres pisos está decorada con pan de oro, que brilla intensamente bajo la luz solar, creando un reflejo impresionante en el estanque Kyoko-chi que se encuentra frente a él.

El edificio original fue destruido en varias ocasiones y la estructura actual es una reconstrucción del año 1955.

El espíritu zen que adoptó la arquitectura en el período Muromachi se distingue también en el templo conocido como el Pabellón de Plata, el Ginkaku-ji. Aunque su nombre sugiere que podría estar cubierto de plata, en realidad, el templo es una estructura de madera sencilla y sin adornos brillantes. La idea era mostrar que la verdadera belleza no está en lo ostentoso, sino en lo esencial.

Este templo es el hermano espiritual del Pabellón de Oro (Kinkaku-ji), pero en lugar de la opulencia dorada que se puede rastrear en el Kinkaku-ji desde el período Kamakura, el Ginkaku-ji abraza la simplicidad y armonía con la naturaleza. Su diseño, con sus líneas limpias y conexión con el paisaje circundante, refleja la filosofía de wabi-sabi: la apreciación de la belleza en lo imperfecto y efímero.

Paisajismo

Si en la vida real el período Muromachi era un caos, con shogunes disputándose el poder y guerras civiles constantes, los jardines zen eran el respiro ideal. En estos jardines no hay flores ni grandes decoraciones; solo arena rastrillada, piedras bien colocadas y, a veces, un par de arbustos bien recortados. La razón es que el jardín se aprecia como una metáfora del universo; al rastrillar la arena, el monje se conecta con la naturaleza y encuentra la calma en medio del caos.

El templo Ryōan-ji en Kioto es quizás el ejemplo más famoso. Su jardín de rocas tiene solo quince piedras y arena rastrillada en patrones cuidadosos, pero se dice que no importa desde dónde lo observes, nunca puedes ver las quince piedras al mismo tiempo. Este tipo de truco visual es un recordatorio zen de que la percepción es limitada y que lo importante no es verlo todo, sino aceptarlo.

Los jardines eran, en esencia, un refugio mental para encontrar serenidad en medio de las guerras y la inestabilidad del Japón Muromachi. A estos espacios los samuráis llegaban no solo para entrenarse, sino para meditar y contemplar.

Cultura wabi-sabi

El caos de Muromachi no era solo artístico; el país estaba en medio de la era de los daimyōs y del conflicto Ōnin, una guerra civil brutal que dejó a Kioto casi en ruinas. Sin embargo, esta destrucción dio pie a una cultura que valoraba lo simple y lo modesto, en la que se desarrolló el concepto de wabi-sabi, que significa encontrar belleza en lo imperfecto, en lo desgastado y en lo transitorio.

Esa mentalidad sentaría las bases para el posterior desarrollo del chanoyu o ceremonia del té, que vendría de la mano de Sen no Rikyū, quien ya a finales del período Muromachi, más propiamente en la etapa conocida como período Sengoku (1467-1568), conocía y practicaba la filosofía wabi-sabi enlazándola a la ceremonia del té. Pronto su influencia sería aún mayor cuando se convirtiera en maestro del té, lo que ocurrió a principios del período Momoyama.

Teatro Noh

El período Muromachi dio lugar a uno de los espectáculos teatrales más enigmáticos y minimalistas del mundo: el teatro Noh. Actores con máscaras de aspecto fantasmal se mueven lentamente por el escenario, mientras una orquesta toca música etérea de flautas y tambores. El espectáculo es tan lento que al principio uno podría preguntarse cuándo va a pasar algo. Pero, en realidad, ese es el punto. El Noh es una experiencia de paciencia y contemplación.

En lugar de diálogos apasionados y rápidos, los actores de Noh transmiten emociones a través de gestos suaves y controlados. Las máscaras representan personajes como fantasmas, dioses o demonios, y cada expresión está pensada para hacer que el público sienta más que vea. Es casi como ver un sueño lento y sobrenatural en el que el espectador entra en un trance, contemplando cada movimiento y sonido. ¡Eso sí, asegúrate de no pestañear, porque podrías perderte la acción!

Período Momoyama

Contexto

En el período Momoyama (1573-1603), una sucesión de líderes militares, como Oda Nobunaga, Toyotomi Hideyoshi y Tokugawa Ieyasu, intentaron traer paz y estabilidad política a Japón después de una era de casi 100 años de guerra.

Oda Nobunaga, un caudillo menor, adquirió poder suficiente para tomar el control de facto del gobierno en 1568 y, cinco años después, para derrocar al último shogun Ashikaga.

Toyotomi Hideyoshi tomó el mando después del asesinato de Oda, pero sus planes para establecer un shogunato hereditario fueron frustrados por Tokugawa Ieyasu, quien estableció el shogunato Tokugawa en 1603.

Este período, conocido también como Azuchi-Momoyama, fue la versión japonesa de un gran festival medieval, repleto de guerreros extravagantes, castillos majestuosos y un entusiasmo imparable por el té y la pólvora. Es una época que marcó la transición entre el violento período Sengoku y la paz prolongada del período Edo. Todo era llevado al extremo: el lujo, las intrigas, la arquitectura, las batallas e incluso el maquillaje y los peinados.

Si en períodos anteriores los samuráis eran serios y austeros, en el Momoyama eran como divos de la farándula. Los guerreros se pintaban la cara, usaban elaboradas armaduras decoradas y peleaban en grandes batallas al estilo de la Ciudad cinematográfica de Ramoji, en las que cada cual quería brillar como protagonista. Y, por supuesto, el líder de estos cracks era Oda Nobunaga, quien comenzó a unificar Japón con mano dura y no tuvo problema en usar la tecnología más avanzada del momento: las armas de fuego traídas por los europeos. Sí, Nobunaga introdujo los arcabuces, con lo que los duelos a espadazo limpio empezaron a ser cosa del pasado.

Después de Nobunaga, que fue traicionado y obligado a cometer seppuku (el suicidio ritual), su sucesor, Toyotomi Hideyoshi, terminó de unificar el país y consolidar un gobierno central. Hideyoshi era un estratega implacable, pero también tenía un gusto por lo llamativo. Durante su mandato, los castillos se convirtieron en auténticas obras de arte: nada de paredes aburridas; los interiores estaban decorados con paneles dorados, techos pintados y muebles exquisitos. Hideyoshi también organizaba banquetes fastuosos en los que sus invitados eran tratados como miembros de la nobleza europea.

Para el campesino de a pie, la vida en el período Momoyama seguía siendo dura. Las personas comunes trabajaban en los campos, cultivando arroz y otros productos básicos para sostener a la clase guerrera y a la nobleza. Sin embargo, la unificación trajo cierta estabilidad. La posibilidad de no tener un ejército enemigo saqueando la aldea cada dos semanas era motivo de celebración. Además, el comercio interno y con los extranjeros, especialmente con los portugueses, trajo productos novedosos, como el tabaco, el azúcar y, para alegría (o perdición) de muchos, ¡el vino!

Los comerciantes y artesanos también vivieron un pequeño auge. La demanda de productos de lujo, desde katanas hasta kimonos decorados, creció con el auge de la clase guerrera y la competencia entre los señores feudales por tener los mejores objetos. Por supuesto, la fiebre del oro también alcanzó a la clase comerciante, quienes buscaban satisfacer los gustos cada vez más extravagantes de los samuráis y daimyōs.

En cuanto a la ceremonia del té (ahora convertida en un espectáculo digno de una pasarela), no nos equivoquemos: por muy tranquila que pareciera, también era una forma de hacer política.

Para Hideyoshi, la ceremonia del té fue su herramienta para mostrar poder y estatus. Organizó la famosa Gran Ceremonia del Té en Kioto, donde invitó a samuráis y nobles de todo el país. Fue como el JazzMadrid de las ceremonias del té: cada invitado debía presentarse con los mejores utensilios y, si era posible, con un kimono que dejara boquiabiertos a los demás. Irónicamente, Rikyū, el gurú del té, defendía la simplicidad, aunque su jefe Hideyoshi claramente tenía otras ideas más extravagantes. Al final, Rikyū cayó en desgracia, pero dejó un legado de sencillez y elegancia que marcaría el arte japonés.

Durante el Momoyama, los europeos llegaron a Japón con la misión de hacer negocios, pero también de hacer cristianos. Los portugueses, y luego los españoles, intentaron introducir el cristianismo, lo que resultó en una especie de "moda religiosa" entre algunos daimyōs, especialmente aquellos que veían en los europeos una buena fuente de armas de fuego. Hideyoshi, que siempre fue un tipo pragmático, al principio toleró la presencia de misioneros. Sin embargo, cuando estos comenzaron a ganar demasiados seguidores, se sintió amenazado y decidió tomar medidas.

El cristianismo fue tolerado, prohibido, tolerado y prohibido nuevamente en un vaivén de políticas, hasta que finalmente los seguidores de esta religión se vieron obligados a practicarla en secreto. Los japoneses cristianos se convirtieron en una especie de secta clandestina que ocultaba sus imágenes religiosas y rezos para no ser perseguidos. Fue una situación paradójica: mientras que algunos daimyōs veían en la cruz una moda exótica, otros la veían como una amenaza al orden establecido.

El período Momoyama llegó a su fin cuando un último gran caudillo, Tokugawa Ieyasu, se impuso en la famosa Batalla de Sekigahara en 1600. Después de derrotar a sus rivales, Ieyasu consolidó su poder y fundó el shogunato Tokugawa en 1603, lo que inició el período Edo y una era de paz que duraría más de 250 años. Con la llegada de los Tokugawa se moderaron las fiestas, los lujos y los grandes despliegues militares. La sociedad japonesa pasó a una época de control y orden.

Arquitectura

Durante el Momoyama se desarrollaron dos nuevas formas de arquitectura en respuesta al clima militarista de la época: el castillo, una estructura defensiva construida para albergar a un señor feudal y sus soldados en tiempos de problemas; y el shoin, un salón de recepción y área de estudio privada diseñada para reflejar las relaciones del señor con el vasallo en una sociedad feudal. Estos castillos no solo eran residencias, sino también símbolos de poder.

El Castillo Himeji (construido en su forma actual en 1609), popularmente conocido como Castillo de la Garza Blanca, con sus tejados graciosamente curvados y su complejo de tres torres secundarias alrededor del tenshu principal (o torreón), es una de las estructuras más bellas del período Momoyama.

El Castillo Ohiroma Nijō (siglo XVII) en Kioto es uno de los ejemplos clásicos del shoin, con su tokonoma (alcoba), ventana de yeso (con vistas a un jardín cuidadosamente embellecido) y áreas claramente diferenciadas para los señores Tokugawa y sus vasallos.

Estos castillos eran verdaderas obras de arte de la arquitectura defensiva, diseñados para proteger… e impresionar. Los daimyōs construycron castillos masivos y elevados, con torres de varios pisos y paredes encaladas que parecían flotar sobre el paisaje. Otro de los más famosos es el Castillo de Azuchi, construido por Oda Nobunaga. Por su parte, Hideyoshi impulsó la construcción de castillos como el de Osaka, una fortaleza gigantesca con muros de piedra y torres de observación doradas.

Castillos como el de Azuchi y el de Osaka no solo eran fortalezas; eran palacios gigantescos y extravagantes, con interiores llenos de arte y lujo, decorados con pinturas de paisajes, flores y aves, y ¡con oro! Los techos eran altos y las salas inmensas, con tatamis que crujían bajo los pies de los guerreros. Las habitaciones estaban decoradas con paneles de oro, pinturas de tigres y grullas y motivos naturales que simbolizaban fuerza y prosperidad. Los castillos tenían, además, jardines perfectamente diseñados, donde los señores podían relajarse después de un día de conquistas y decisiones políticas.

Pintura

Un elemento que marcó el arte Momoyama fue el oro. Los biombos de esta época son como el bling-bling de Japón: enormes, lujosos y llenos de detalles dorados. Los artistas creaban paisajes y escenas de la vida cotidiana utilizando oro en polvo y hojas de oro, como si quisieran que el mismísimo sol envidiara el resplandor de sus obras. Las representaciones, que iban desde pinos y cerezos hasta ciudades enteras, capturaban el lujo y el esplendor de la vida en un biombo plegable.

Un biombo típico de esta época podría representar escenas grandiosas: paisajes de montañas doradas, ríos brillantes y bandadas de aves cruzando cielos dorados. Era una manera de mostrar poder y prosperidad, como si el mensaje fuera: "No solo soy un señor feudal, soy un señor feudal con buen gusto y mucho oro".

La escuela de pintura más importante del período de Momoyama fue la del Kanō, y la mayor innovación del período fue la fórmula desarrollada por Kanō Eitoku para la creación de paisajes monumentales en las puertas correderas que encierran una habitación.

En los castillos y templos de Momoyama, las paredes y puertas se convirtieron en enormes lienzos. Los artistas de la escuela Kanō recibían encargos para decorar estas grandes superficies con paisajes naturales, escenas de animales y figuras míticas.

Esos murales en puertas correderas (fusumas) y paredes

transmitían una sensación de poder y esplendor, con grandes figuras de tigres y dragones que parecían listos para saltar de las paredes y hacer una reverencia al daimyō de turno. Los artistas lograron fusionar elementos chinos con la estética japonesa, creando una mezcla única que representaba la grandeza y el dinamismo de la época. Como era de esperarse, ¡el oro estaba presente en cada rincón de estas pinturas!

La decoración de la sala principal frente al jardín del Juko-in, un subtemplo de Daitokuji (templo Zen en Kioto), es quizás el mejor ejemplo existente de la obra de Eitoku. Un enorme ciruelo y dos pinos se representan en pares de pantallas deslizantes en esquinas diagonales opuestas, sus troncos repiten las verticales de los postes esquineros y sus ramas se extienden a la izquierda y la derecha, unificando los paneles contiguos.

La pantalla de Eitoku, Leones Guardianes Chinos, también en Kioto, revela el estilo de pintura audaz y de colores brillantes preferido por el samurái.

Hasegawa Tōhaku, un contemporáneo de Eitoku, desarrolló un estilo algo diferente y más decorativo para las pinturas en pantalla a gran escala. En su Arce Rodeado de Flores de Otoño, ahora en el templo de Chishaku-in, Kioto, colocó el tronco del árbol en el centro y extendió las ramas hasta el borde de la composición, creando una obra más plana y menos arquitectónica que Eitoku, pero una visualmente hermosa pintura.

Su pantalla de seis caras, Pinos (Museo Nacional de Tokio), es una reproducción magistral en tinta monocroma de un bosquecito envuelto en niebla.

Arte nanban

Durante el período Momoyama, los japoneses tuvieron sus primeros encuentros importantes con occidentales, a quienes llamaron nanban, o "bárbaros del sur". Los europeos traían consigo armas, nuevas tecnologías y estilos artísticos diferentes. Esto inspiró el arte nanban, una fusión que representaba cosas exóticas para los japoneses: barcos europeos, misioneros jesuitas y personas con barba y ropajes extraños.

Las pinturas nanban son curiosas porque en ellas puedes ver japoneses interpretando cómo era la vida europea, y el resultado es adorable y ligeramente distorsionado. En los biombos nanban, los japoneses representaron a los europeos de piel blanca y con expresiones serias, bajándose de barcos de vela y cargando con cruces y cálices. Es como si alguien les hubiera dado la descripción de un europeo por teléfono y hubieran tenido que imaginarse el resto. Este choque cultural produjo obras de arte únicas que reflejaban el interés y el asombro japonés por el mundo exterior, con un toque de humor visual.

Ceremonia del té

Un desarrollo importante del período Muromachi fue la ceremonia del té, o chanoyu -que se refinó en este tiempo-, así como el diseño de la casa en la que se celebraba.

No te imagines tazas de porcelana fina y brillante. Los utensilios de la ceremonia del té de este período eran de cerámica rústica, con imperfecciones y grietas que se consideraban parte de su belleza. El maestro de té, Sen no Rikyū, fue uno de los grandes impulsores de este estilo; usaba utensilios simples y evitaba cualquier lujo para que los participantes se concentraran en la esencia del acto y no en su apariencia.

Para la casa de té se adoptó el estilo rústico de la cabaña rural, haciendo hincapié en materiales naturales tales como troncos cubiertos de corteza y de paja tejida.

Pero no todo era austeridad. Los señores de la guerra, como Toyotomi Hideyoshi, amaban la ceremonia del té, pero, en contraste con Sen no Rikyū, la querían en versión lujosa. Hideyoshi construyó una sala de té auténticamente dorada. Figurémonos una ceremonia zen de té en una habitación que parece el interior de un lingote de oro. Se trataba de una mezcla de lo sutil con lo ostentoso, en la que la espiritualidad zen se cruzaba con la extravagancia de la época.

Período Edo

Contexto

El shogunato Tokugawa del período Edo obtuvo el control indiscutible del gobierno en 1603 con el compromiso de llevar la paz y la estabilidad económica y política al país. En gran medida fue exitoso.

El período Edo es el del Japón de la paz, del orden y, se puede decir, el de una cierta paranoia gubernamental. Esta época, marcada por los Tokugawa, es conocida por su aislamiento del mundo exterior, su sistema de clases rígido y, al mismo tiempo, por una explosión de arte, cultura y entretenimiento que hizo que la vida en Japón fuera tan colorida como estricta.

Durante el período Edo, la imposición de estrictos códigos de conducta afectaba todos los aspectos de la vida: la ropa que uno vestía, la persona con la que se casaba y las actividades que uno podía o debía realizar. La sociedad japonesa estaba organizada en un sistema de clases muy estricto, casi como si un letrero enorme en cada ciudad dijera: "Quédate en tu carril". En la cúspide estaban los samuráis.

Por siglos, los samuráis habían sido los guerreros más temidos de Japón, pero en el período Edo... bueno, ya no había contrincantes con quienes pelear. Con Tokugawa Ieyasu y sus descendientes gobernando con mano firme, los samuráis se vieron sin guerras y, en cambio, ¡llenando papeles! Sí, en lugar de katanas, muchos terminaron usando pinceles y escribiendo documentos para el shogunato. Para un samurái, pasar de cortar cabezas a sellar papeles era como ser un león convertido en gato doméstico. Aunque algunos se acostumbraron, otros se volvieron famosos por su melancolía o por practicar -llamémoslo así- un "hara-kiri social": el despilfarro de sus ahorros en entretenimiento.

Pero no todo era aburrido para estos samuráis-burócratas. Se les daba un estatus y un estipendio, así que podían vivir relativamente bien. La gran ironía es que el sistema Edo los hizo dependientes de sus señores y les quitó mucha de la independencia que tenían antes.

Después de los samuráis en el sistema de clases estaban los campesinos, quienes producían el arroz, o sea, la "base económica" del país. Más abajo estaban los artesanos y comerciantes, quienes hacían productos y los vendían. Y al final de la pirámide estaban los "eta" y los "hinin," que realizaban actividades consideradas "contaminantes", como los carniceros, curtidores, sepultureros y verdugos, entre otros, a quienes la sociedad consideraba parias.

Lo gracioso de este sistema es que, aunque los comerciantes estaban en una de las posiciones más bajas de la escala social, muchos se volvieron muy ricos. Incluso los samuráis, que en teoría estaban por encima, a veces se endeudaban con estos hábiles comerciantes. De manera que, aunque el sistema parecía muy rígido, las cosas no eran tan sencillas en la práctica, y había quienes, como los comerciantes, le daban la vuelta.

Edo, la ciudad que hoy conocemos como Tokio, se convirtió en una de las ciudades más grandes del mundo. ¡Era como la Madrid de Asia! Aquí había de todo: mercados abarrotados, barrios de placer y entretenimiento, restaurantes y un ambiente de pura vida urbana. La gente, desde comerciantes hasta samuráis de bajo rango, pasaba sus días en calles llenas de tiendas y sus noches disfrutando de las artes escénicas.

El barrio de Yoshiwara era el epicentro del entretenimiento en Edo. Este distrito de placer tenía todo lo que se necesitaba para que el ciudadano promedio olvidara sus preocupaciones: geishas, casas de té y actores de kabuki que montaban espectáculos llenos de color y drama. De hecho, el kabuki, con sus personajes exagerados y tramas emocionantes, fue una de las grandes contribuciones del período Edo a la cultura japonesa. Si un samurái tenía un mal día en la oficina, podía ir a Yoshiwara y, al menos por una noche, dejar sus preocupaciones atrás.

Un aspecto clave del período Edo fue el sakoku, la política de aislamiento nacional. El país se cerró a los extranjeros y a los pertrechos de sus culturas. Los Tokugawa querían evitar que influencias extranjeras desestabilizaran el orden que tanto les costó imponer, así que ¡prohibieron casi todo contacto con el mundo exterior! Los japoneses no podían salir del país, y solo un pequeño grupo de comerciantes chinos y holandeses tenía permiso para comerciar en el puerto de Nagasaki. Era como si el gobierno hubiera dicho: "Queremos nuestras cosas a nuestra manera, y que nadie venga a estropearlas".

Sin embargo, este aislamiento no era total. Los japoneses

tenían acceso a algunos conocimientos occidentales, especialmente en áreas como la medicina y la astronomía, gracias a los holandeses. El país, por lo tanto, que parecía estar cerrado, seguía aprendiendo un poco de aquí y allá, lo suficiente para mantenerse al día sin perder el toque japonés.

Con la población urbana en crecimiento y las restricciones de movimiento, surgió la cultura ukiyo, o "mundo flotante", una especie de filosofía de "carpe diem" según la cual la gente disfrutaba de los placeres de la vida, como el teatro, la comida y el entretenimiento en general.

A pesar de la paz general, el período Edo no estuvo libre de problemas. Japón enfrentó varias hambrunas debido a malas cosechas y problemas en la distribución del arroz. Los campesinos, que ya vivían bastante apretados, sufrían especialmente cuando los precios del arroz subían o cuando se perdían las cosechas. Estos problemas llevaron a algunas revueltas campesinas en las que la gente, literalmente, tomaba las herramientas de trabajo y se enfrentaba a sus señores para pedir alivio de impuestos y mejores condiciones.

Aunque los Tokugawa intentaban mantener todo bajo control, había momentos en que las tensiones sociales se desbordaban. Estas revueltas no eran lo suficientemente grandes como para derrocar al shogunato, pero eran una advertencia de que la paz también tenía su precio y que no todos estaban contentos con el sistema feudal.

El shogunato sobrevivió hasta 1867, cuando se vio obligado a capitular debido a su fracaso para lidiar con la presión de las naciones occidentales para que el país se abriera al comercio exterior.

El fin del período Edo llegó con un drama digno de película. En 1853, los "barcos negros" del comodoro Matthew Perry, de Estados Unidos, llegaron a la bahía de Edo. Perry traía una "invitación" (léase, "exigencia") para que Japón abriera sus puertas al comercio exterior. La llegada de Perry causó un revuelo en todo Japón, y el shogunato Tokugawa, que ya estaba en declive, no tuvo otra opción que aceptar sus demandas.

Este fue el comienzo del fin para el shogunato, ya que el descontento creció entre aquellos que querían modernizar el país y devolver el poder al emperador. En 1868, la Restauración Meiji puso fin a los Tokugawa y comenzó una era de cambios rápidos y radicales que llevarían a Japón a la modernidad.

El arte en el período Edo

En los primeros años del período Edo se produjeron algunas de las mejores expresiones de Japón en arquitectura y pintura: el Palacio Katsura en Kioto y las pinturas de Sōtatsu, pionero de la escuela Rinpa, entre otras manifestaciones.

Uno de los temas dominantes durante este período fue la política represiva del shogunato y los intentos de los artistas por escapar de estas restricciones.

Pero, en general, la cultura floreció y el arte se democratizó. En lugar de estar reservado para los castillos de los samuráis o las casas de té de los nobles, el arte comenzó a filtrarse en cada aspecto de la vida cotidiana. Los ciudadanos de Edo querían ver su vida reflejada en el arte, y esto incluía escenas de mercados, casas de té, cortesanas ataviándose y hasta familias disfrutando de una buena comida.

Arquitectura

A diferencia de los castillos dorados de Momoyama, en Edo la arquitectura era un poco más sobria, si bien no menos impresionante. Las casas de té y los templos zen se construían con una simplicidad refinada que invitaba a la reflexión. Los jardines japoneses alcanzaron un nivel de sofisticación en el que cada piedra, cada estanque y cada arbusto se colocaban de manera intencional para recrear paisajes naturales en miniatura.

Katsura, construido a semejanza del palacio del Príncipe Genji, contiene un grupo de edificios shoin que combinan elementos de la arquitectura japonesa clásica con replanteamientos innovadores.

Todo el complejo está rodeado por un hermoso jardín con senderos para caminar.

Pintura

Tawaraya Sōtatsu desarrolló un estilo decorativo excelente. Recreó temas de la literatura clásica utilizando figuras y motivos de colores brillantes del mundo natural contra fondos de pan de oro. Una de sus mejores obras es el par de pantallas Las Olas de Matsushima.

Un siglo más tarde, Ōgata Kōrin reformuló el estilo de Sōtatsu y creó obras visualmente hermosas y únicas. Tal vez las mejores sean las pantallas de Ciruelos Rojo y Blanco de Ogata.

Impresión en madera y Ukiyo-e

De esta época, la escuela de arte más conocida en Occidente es la de las pinturas Ukiyo-e y las impresiones en madera de la demimonde, el mundo del teatro Kabuki y el distrito de burdeles.

Podríamos traducir Ukiyo-e como "imágenes del mundo flotante". ¿Por qué flotante? Porque el arte de este período estaba obsesionado con capturar la vida efímera: los placeres de una noche en los barrios de entretenimiento, las estaciones cambiantes, el retrato de actores famosos en su momento de gloria y los paisajes que parecían flotar en el tiempo. ¡Era como el Instagram de la época!

Las impresiones de Ukiyo-e comenzaron a producirse a finales del siglo XVII, y en 1764 Harunobu produjo la primera impresión policroma. Los diseñadores de impresión de la próxima generación, incluidos Torii Kiyonaga y Utamaro, crearon representaciones elegantes y en ocasiones perspicaces de cortesanas.

En el siglo XIX, una de las figuras dominantes fue Hiroshige, un creador de estampados de paisajes románticos y algo senti-mentales. Los ángulos y formas extraños a través de los cuales Hiroshige a menudo veía el paisaje, y el trabajo de Kiyonaga y Utamaro, con su énfasis en planos lisos y los fuertes contornos lineales, tuvieron un profundo impacto en artistas occidentales como Edgar Degas y Vincent van Gogh.

Artistas como Hiroshige, y también Hokusai, se convirtieron en los influencers del Ukiyo-e, pero en lugar de fotos, ofrecían impresiones en madera de escenas emblemáticas. Hokusai, por ejemplo, nos dejó La Gran Ola de Kanagawa, una obra que sigue siendo famosa hoy y que representa la ferocidad de la naturaleza japonesa en un solo y magnífico golpe de ola. Es como un retrato de la naturaleza japonesa, capturado en el instante en que una ola gigante se levanta y amenaza con tragarse todo a su paso, mientras el Monte Fuji observa desde el fondo.

Dentro del Ukiyo-e, el subgénero Bijinga, que significa "imágenes de bellezas", se hizo muy popular. Se trataba de retratos de mujeres idealizadas, principalmente cortesanas y mujeres de los barrios de placer, que mostraban los peinados, las vestimentas y el maquillaje de moda. Es decir, el arte de Edo también tenía su propia Vogue: capturaba la esencia de la moda y belleza del momento, sin filtros y con mucha clase.

Otra escuela de pintura contemporánea de Ukiyo-e fue Bunjinga, un estilo basado en pinturas ejecutadas por pintores eruditos chinos.

Así como los artistas de Ukiyo-e eligieron representar figuras de la vida fuera de las restricciones del shogunato Tokugawa, los artistas de Bunjin recurrieron a la cultura china.

Los ejemplos de este estilo son Ike no Taiga, Yosa Buson, Tanomura Chikuden y Yamamoto Baiitsu.

Ukiyo-e y teatro Kabuki

No podemos hablar de Edo sin mencionar el teatro Kabuki, que mezcla el drama, la música y el maquillaje en una experiencia total. Los actores de Kabuki eran los verdaderos J-rocks de la época, y el Ukiyo-e era su publicidad. Artistas como Sharaku creaban retratos expresivos de los actores y de las actrices Kabuki en sus papeles memorables, capturando el maquillaje dramático y las expresiones exageradas.

Supón que hoy vas a un concierto y luego compras un póster de tu cantante favorito haciendo su mejor pose; pues en Edo, la gente compraba impresiones de sus actores favoritos interpretando a samuráis valientes, cortesanas trágicas o villanos despiadados. ¡Y todos esos personajes llevaban trajes exagerados y maquillaje teatral que parecían sacados de un cómic moderno!

Ceremonia del té

El período Edo no escapó de la influencia zen y su pasión por la ceremonia del té. Esta ceremonia, que en Momoyama era una mezcla de lujo y humildad, en Edo se volvió más accesible y llegó a la clase media urbana. Los objetos utilizados en la ceremonia del té, como tazas, cucharas y calderas, eran pequeñas obras de arte. Esta vez no eran extravagantes, sino que buscaban reflejar la filosofía de wabi-sabi: lo bello en lo imperfecto, lo humilde en lo simple.

Los artesanos de Edo llevaron el wabi-sabi a nuevos niveles, haciendo tazas de té que parecían hechas a mano y que parecían casi rotas, pero que en realidad reflejaban la perfección en su imperfección. Es un arte que celebra la sencillez de tomar una taza de té en paz, en una sociedad tan vibrante como la de Edo, donde las cosas cambiaban rápido, pero el momento del té permanecía.

Arte japonés desde el año 1867

Contexto

El Japón desde el año 1867 comprende los períodos Meiji (1867-1912), Taisho (1912 - 1926), Showa (1926 - 1989), Heisei (1989 - 2019) y Reiwa (2019 - actualmente).

Año 1867: Japón ha pasado siglos cerrado al mundo, con samuráis que ya no tienen guerras que pelear y comerciantes ricos que, en teoría, se encuentran en la base de la jerarquía social. ¡De pronto llegan los "barcos negros" de Estados Unidos y revolucionan el orden! Comienza la época moderna de Japón, que pasó en cuestión de décadas de la katana al tren bala, y que desde entonces ha sido una espiral de cambios históricos, culturales y tecnológicos.

Cuando el emperador Meiji subió al trono en el año 1867, Japón inició una serie de reformas a velocidad vertiginosa.

¡No más kimonos en el gobierno! ¡Trajes de chaqueta a partir de ahora! Con la ayuda de asesores extranjeros, Japón se embarcó en una carrera de modernización que dejó a los samuráis sin empleo (o trabajando en oficinas). La meta era la industrialización y el poderío militar, porque ¿cómo se puede competir con los "grandes" sin un buen tren y un ejército moderno?

Así fue como, en unas pocas décadas, Japón pasó de ser un país feudal a una potencia industrial, construyendo fábricas, ferrocarriles y hasta conquistando territorios. Al mismo tiempo, la sociedad experimentó cambios. La gente dejó atrás las aldeas rurales y sus costumbres, se fue a las ciudades y adoptó un estilo de vida cada vez más urbano.

Para los años 1930, Japón se había convertido en una potencia militar. La sociedad estaba viviendo una especie de fiebre imperial: el nacionalismo estaba en cada rincón y se promovía la idea de que el emperador era un ser divino. Esto llevó a Japón a expandirse militarmente con la invasión de China y luego con su entrada en la Segunda Guerra Mundial en alianza con Alemania e Italia. La gente vivía bajo un sistema muy disciplinado; el gobierno incentivaba el sacrificio personal por el bien de la nación. Era una época de gran control estatal en la que incluso los estudiantes recibían entrenamiento militar.

Sin embargo, sabemos cómo terminó esa historia: en 1945, Japón se rindió tras el lanzamiento de las bombas atómicas en Hiroshima y Nagasaki ordenado por Harry S. Truman, presidente de Estados Unidos. Fue un momento devastador para el país. Por primera vez en su historia, el emperador tuvo que declarar públicamente que no era una deidad. La posguerra trajo consigo una crisis, pero también fue el comienzo de una nueva era.

Tras la guerra, Japón se reconstruyó con ayuda de Estados Unidos, y ¡vaya que lo hizo rápido! La sociedad estaba decidida a salir adelante, y la industria resurgió con un enfoque en tecnología y manufactura. En la década de 1960, Japón ya era una economía en auge; hacia los años 1980 estaba en la cima. Los japoneses se volvieron líderes en electrónica y automovilismo. En las casas, familias que habían tenido tatamis y futones como único lujo, ahora compraban televisores, radios y vehículos Toyota y Honda.

La sociedad también cambió. Las familias eran más pequeñas, con el clásico modelo de padre trabajador y madre en casa (aunque eso también empezaría a cambiar después). Los japoneses adoptaron una vida urbana acelerada. Tokio se llenó de rascacielos, tiendas de lujo y trenes de alta velocidad. El sentido de comunidad seguía siendo fuerte, pero ahora era más común ver personas viviendo en apartamentos minúsculos y trabajando hasta altas horas de la noche, lo que dio origen al famoso término karoshi, que significa "muerte por exceso de trabajo". Para los japoneses, el éxito tenía su precio.

Después de una época de crecimiento raudo, Japón experimentó una enorme crisis económica en los años 1990, llamada la "Década Perdida". La burbuja económica explotó; los valores de propiedades y acciones se desplomaron. Este fue un golpe duro para la sociedad, pues mucha gente que había invertido en bienes raíces se encontró de repente en bancarrota. El gobierno trató de enfrentar la situación, pero el crecimiento se estancó, y Japón, aunque ya era una potencia mundial, tuvo que ajustarse a una economía más modesta.

A nivel social, esta época vio el inicio de algunos problemas que siguen presentes hoy: baja natalidad, envejecimiento de la población y una juventud desencantada. Las familias japonesas comenzaron a tener menos hijos; cada vez era más común ver personas mayores sin jóvenes que los cuidaran.

Durante el decenio de 1990 y el de los 2000, mientras la economía aún se recuperaba, Japón conquistó el mundo de otra manera: ¡con su cultura pop! Los videojuegos, el anime, el manga y la moda japonesa se hicieron populares en todo el mundo. Personajes como Pikachu y Mario se volvieron globales. Tokio se convirtió en un destino turístico para jóvenes que buscaban experimentar la cultura "kawaii" o "adorable".

Dentro de Japón, esta cultura se reflejaba en barrios como Akihabara, donde los fanáticos del anime y de la tecnología encontraban todo lo que podían desear. La sociedad japonesa abrazó su lado tecnológico y creativo, y el país se convirtió en un líder en innovación, máxime en áreas como robótica y electrónica.

Hoy en día, Japón sigue siendo un país fascinante que enfrenta algunos desafíos considerables. Con una población que sigue envejeciendo y una tasa de natalidad en constante descenso, la sociedad está buscando soluciones creativas. ¡Hasta tienen robots cuidadores! Japón es un lugar donde conviven tradiciones milenarias y la tecnología más avanzada: es común ver a personas que van a orar en templos antiguos y que luego se suben a un tren bala para ir al trabajo.

Además, la cultura de trabajo sigue siendo intensa, pero ha habido movimientos para reducir el karoshi y fomentar más balance entre trabajo y vida personal. Las mujeres también están ocupando más puestos en el mercado laboral, aunque todavía hay desafíos en términos de igualdad.

En medio de todo esto, Japón continúa exportando su cultura pop: los Juegos Olímpicos de Tokio 2020 (celebrados en 2021 por la pandemia Covid-19) fueron una muestra de esta mezcla única de tradición y modernidad que hace de Japón un país tan especial.

En el Japón del año 1867, los samuráis aún llevan sus katanas, pero las cosas están a punto de cambiar drásticamente. Ese mismo año, el shogunato Tokugawa se desmorona y da paso a la Era Meiji, cuando Japón dice "sayonara" a su aislamiento y abre las puertas al mundo. Con la llegada de la tecnología occidental y su moda, su arte y su arquitectura, Japón se encuentra en una encrucijada y el arte, como siempre, es el primero en responder al llamado de los tiempos. Así comienza la metamorfosis que lleva a Japón a pasar de los paisajes de Hokusai a las explosiones visuales de anime, manga y arte digital.

Artes plásticas

En los años posteriores a 1867, cuando el emperador Meiji ascendió al trono, Japón fue una vez más invadido por nuevas y extrañas formas de cultura.

La primera respuesta de los japoneses a la llegada de las culturas extranjeras fue la aceptación sincera, y en 1876 se abrió la Escuela de Arte Tecnológico, empleando instructores italianos para enseñar métodos occidentales.

La segunda respuesta fue un giro pendular en la dirección opuesta encabezada por Okakura Kakuzō y el estadounidense de ascendencia española Ernest Fenollosa, quien alentó a los artistas japoneses a conservar los temas y técnicas tradicionales mientras creaban obras más acordes con el gusto contemporáneo.

De estos dos polos de la teoría artística se desarrolló Yōga (pintura de estilo occidental) y Nihonga (pintura japonesa), categorías que siguen siendo válidas hasta la actualidad.

Concretamente en el período Meiji, Japón aprende de Occidente. La pintura tradicional japonesa empieza a recibir una buena dosis de influencias europeas: perspectiva, realismo y hasta óleo.

Fascinados por el arte de Occidente, los artistas japoneses importan nuevas técnicas y se lanzan a experimentar. Yokoyama Taikan y otros artistas mezclan estilos occidentales y japoneses en lo que conocemos como el estilo nihonga, que es básicamente la versión japonesa de "quiero hacer algo nuevo, pero sin perder mi esencia". Taikan fusiona el uso de pigmentos japoneses con una pincelada suelta, casi impresionista. Figúrate a Monet con una estética zen y tendrás una idea de lo que estaba pasando en los estudios de arte.

En el período Taisho, los artistas japoneses miran más allá de la tradición y abrazan el arte moderno en todas sus formas: cubismo, expresionismo y futurismo. Estos movimientos eran tan sorprendentes para la sociedad como el jazz para las abuelas japonesas de entonces.

Foujita Tsuguharu se instala en París, donde crea retratos y autorretratos que son mitad japoneses y mitad europeos. Él fusiona la suavidad y elegancia del estilo japonés con las vibrantes audacias del arte moderno occidental.

Artistas contemporáneos como Yayoi Kusama exploran temas universales en sus obras. Kusama lleva su obsesión por los puntos al extremo, cubriendo desde lienzos hasta habitaciones enteras con ellos. La artista es un reflejo de la libertad creativa de la época Heisei, en la que el arte se mezcla con la psicología y la filosofía.

Arquitectura

La necesidad de reconstruir Japón después de la Segunda Guerra Mundial resultó ser un gran estímulo para los arquitectos japoneses, y los edificios japoneses contemporáneos se ubican entre los mejores del mundo en términos de tecnología y concepción formal.

Uno de los arquitectos japonés más conocidos es Kenzō Tange, cuyo Gimnasio Nacional Yoyogi (1964) para los Juegos Olímpicos de Tokio, famoso por su techo suspendido, enfatiza el contraste y la mezcla de pilares y muros; sus techos, que recuerdan al tomo-e (un antiguo símbolo heráldico en forma de espiral), son exposiciones dramáticas en cuanto a forma y movimiento.

Diseño gráfico y carteles

En el período Taisho surge una fascinación por el diseño gráfico y el arte de los carteles, influenciados por el Art Deco y el Art Nouveau. Así, en las calles de Tokio puedes ver desde carteles de cine al estilo hollywoodense hasta publicidad en la que las líneas y colores parecen una fiesta para los ojos.

Manga y anime

En la primera mitad del período Showa, entre guerras y conflictos, Japón se enfrenta a un período de convulsión que impacta en el arte: los artistas se ven entre el patriotismo y la crítica. Sin embargo, al final de la Segunda Guerra Mundial, el país renace de sus cenizas con un toque de cómic: ¡llegan el manga y el anime!

Es en la posguerra cuando Osamu Tezuka, también conocido como el "Dios del Manga," revoluciona el cómic japonés. Su obra Astro Boy abre un nuevo camino para la cultura popular y convierte el manga en el "nuevo Ukiyo-e". Para una generación de jóvenes, estos personajes en blanco y negro con grandes ojos expresivos (inspirados, según dicen, en las caricaturas de Disney) representan esperanza y diversión en medio de la reconstrucción del país. Pronto, el manga y el anime se vuelven universales y en Japón surgen subgéneros de todo tipo: desde mechas hasta romances adolescentes.

Durante el período Heisei, el manga y el anime son indiscutiblemente un fenómeno global; series como Dragon Ball, Naruto y Sailor Moon exportan la cultura japonesa a todo el mundo.

Videojuegos

Los videojuegos nacen en la época Heisei como una nueva forma de arte. Con compañías como Nintendo y Sony, Japón desarrolla una industria que llevará a Mario, Link y Sonic a convertirse en leyendas. En este período, el país se convierte en una meca cultural para geeks, otakus y gamers por igual, lo que demuestra que en Japón el arte puede saltar de un cuadro a una consola.

Arte digital

Así llegamos a la era Reiwa. Japón es un crisol de creatividad donde las tecnologías digitales juegan un papel clave. En la exploración de temas globales como el medio ambiente, la identidad y la globalización, los artistas jóvenes combinan técnicas tradicionales con lo último en tecnología.

El pixel art, el 3D mapping y los NFTs aparecen como nuevos formatos para expresarse, y los estilos más antiguos, como el Ukiyo-e, son reinterpretados en clave moderna. Piensa en Hokusai diseñando una ola gigante, pero esta vez hecha con píxeles o en realidad aumentada. Los museos japoneses de arte digital, como el teamLab Borderless y el teamLab Planets en Tokio, son espacios interactivos; allí el arte envuelve al espectador en una experiencia sensorial única.

Conclusión

Así llegamos al final de nuestro paseo artístico, que comenzó con vasijas de barro y acabó en rascacielos de vidrio. A lo largo de este libro hemos recorrido la evolución del arte japonés, desde sus primeras manifestaciones en los períodos Jōmon, Yayoi y Kofun hasta la era moderna posterior a 1867.

La prehistoria del arte japonés es una mezcla de creatividad, al tiempo que un período de creciente organización social. Desde las vasijas con patrones de cuerda de los Jōmon hasta las figuras guardianas de los Kofun, cada período nos muestra una faceta diferente de los primeros japoneses y su búsqueda por expresarse en formas cada vez más complejas. Hoy, esas piezas son recordatorios de su tiempo y una prueba de que, incluso en la prehistoria, Japón ya tenía su estilo único.

Este viaje histórico revela la riqueza de las expresiones artísticas japonesas y muestra cómo el arte ha sido un reflejo de las transformaciones políticas, culturales y espirituales de cada época. Desde la influencia budista en las esculturas del período Nara hasta la sofisticación de la pintura y la caligrafía en el período Heian, cada capítulo ilustra el constante diálogo entre tradición y cambio, que ha sido característico del arte japonés.

Los períodos Asuka y Nara fueron momentos en los que Japón decidió jugar con las ideas de sus vecinos y, en el proceso, aprendió que podía crear algo propio. Desde los templos de madera hasta las estatuas de bronce de Buda, cada obra refleja la admiración de lo exterior y la búsqueda de lo propio. Japón estaba en plena adolescencia cultural, descubriendo el mundo y, al mismo tiempo, su propia voz.

El período Heian fue el momento en que Japón descubrió el poder de su propia sensibilidad artística, y lo llevó a niveles casi de perfección. A través de la literatura, la pintura, la caligrafía y la arquitectura, los nobles de esta época lograron capturar la belleza de lo efímero, la delicadeza de lo simple y el drama de la vida cortesana. Fue una era de refinamiento extremo, en la que cada palabra, cada trazo y cada pétalo caído parecía tener un significado profundo. El arte Heian dejó una marca imborrable en la cultura japonesa. Los japoneses aprendieron que la belleza y el arte no tienen que ser estridentes; pueden ser delicados, sutiles, fugaces.

El período Kamakura fue un momento de transición en el arte japonés, donde la delicadeza y el drama de la corte Heian dejaron paso a una era de realismo, poder y espiritualidad intensa. Este fue el tiempo de los samuráis, de los guardianes temibles y de los jardines zen. A través de esculturas impactantes, rollos narrativos de acción y templos robustos, los artistas de Kamakura crearon un estilo único que refleja las fuerzas de su tiempo.

El período Muromachi fue una mezcla de caos y calma. En

medio de las batallas y traiciones de los clanes, los artistas crearon obras que transmitían paz y profundidad espiritual. Los guerreros meditaban en jardines de rocas, los artistas pintaban montañas con una sola pincelada y los actores usaban máscaras para representar el mundo de los espíritus. En esta época, la crudeza de la guerra se mezclaba con la serenidad del zen.

El período Momoyama fue corto pero intenso. Al servicio de los señores de la guerra se construyeron castillos impresionantes, se decoraron biombos y puertas con escenas doradas, se exploró el arte nanban y se revolucionó la ceremonia del té. Japón abrazó el lujo manteniendo un pie en la tradición. Es como si hubiera sido un gran ensayo sobre cómo mezclar lo lujoso con lo espiritual, lo local con lo extranjero y lo militar con lo artístico. Este período marcó una etapa de transición, uniendo las glorias del pasado con las semillas de un nuevo Japón.

En el período Edo, Japón vivió un florecimiento artístico que reflejaba la vida, las emociones y los detalles más pequeños de una sociedad en auge. Fue una época en la que el arte salió de las mansiones y llegó a la gente común, y el Ukiyo-e permitió a todos colgar un trocito de belleza en sus paredes. En esa era, los actores de Kabuki, la vida de los barrios y las olas del mar fueron temas dignos de una obra de arte. Edo fue una era en la que Japón decidió pintarse a sí mismo, con sus luces, sus sombras y su vibrante cotidianidad. Mirar una estampa de Edo es como asomarse a la vida de una época que logró capturar lo efímero y lo eterno en una misma pincelada, en un Japón donde la vida misma era una obra de arte.

Desde el Ukiyo-e hasta el anime, Japón ha demostrado una habilidad inigualable para mezclar lo nuevo y lo viejo. A lo largo de la historia, los artistas japoneses han absorbido influencias externas y las han reinventado, de donde ha resultado un arte único y memorable en cada época. Expresiones como las obras de Yayoi Kusama, los videojuegos de Nintendo o el anime en streaming forman parte del legado del país.

El análisis de elementos arquitectónicos y pictóricos nos permite apreciar cómo los estilos artísticos se adaptaron y florecieron bajo distintas dinastías y períodos. La delicadeza de la pintura y la impresión en madera del período Edo, por ejemplo, nos muestra una estética enraizada en la observación de la naturaleza y la vida cotidiana, que contrasta con la monumentalidad de la arquitectura del período Momoyama. La introducción de influencias extranjeras a partir de la Restauración Meiji en 1867 añade complejidad, llevando el arte japonés hacia una fusión entre lo occidental y lo local, que sigue inspirando la creación contemporánea.

Tantos siglos de arte muestran que Japón sabe cómo pasar de la piedra a la seda, y de la seda a la pantalla digital, con la misma gracia que un pintor al deslizarse de un trazo a otro.

Este recorrido subraya la importancia de cada manifestación artística como un testimonio de su época y un legado que ha influido en el desarrollo de las artes visuales en Japón… y en todo el mundo. El arte japonés, en su diversidad y profundidad, sigue siendo una fuente inagotable de inspiración: demuestra que sus tradiciones y técnicas perduran, mientras que nuevas generaciones de artistas continúan innovando, honrando un pasado que se proyecta en el futuro.

Ahora que dominamos un poco mejor la historia, podemos ver que el arte japonés no ha hecho más que sumar revestimientos; como una obra que nunca termina, sigue evolucionando, absorbiendo ideas nuevas y dejando espacio para la sorpresa. Cada escultura, caligrafía y estampado han hecho su trabajo: dejarnos con ganas de más. Aunque no tenemos armadura samurái, salimos de estas páginas con una armadura de conocimiento lista para enfrentarse a cualquier trivialidad artística. Porque lo cierto es que ¡el arte japonés nunca pasa de moda!

Bibliografía

Almarza González, Rubén. *Breve historia del Japón feudal.* Madrid: Editorial Nowtilus, 2018. ISBN 9788499679570.

Bouvier, Nicolás. *Crónica japonesa.* (Traducido del francés por Glenn Gallardo y Martín Schifino.) La Línea del Horizonte Ediciones, 2016. ISBN 978-84-15958-49-9.

Cabeza Lainez, José María y Rodríguez-Cunill, Inmaculada. "Contextualizando el arte nanban en Nagasaki, la ciudad menos japonesa de Japón". UcoArte: Revista de Teoría e Historia del Arte, ISSN-e 2255-1905, N.º 8, 2019, págs. 46-61. En: https://journals.uco.es/ucoarte/article/view/12519/11222

Hall, John Whitney. *El imperio japonés.* (Traducido por Marcial Suárez.) Madrid: Siglo XXI Editores, 1973.

Michiko Tanaka et al. *Historia mínima de Japón.* México, D.F.:

El Colegio de México, 2011. ISBN 978-607-462-320-8.

Pioch, Nicolas. "Japanese Art and Architecture". WebMuseum: París, 14 de octubre de 2002. En: https://www.ibiblio.org/wm/paint/tl/japan/

Ramos González, Alicia. "Historia del vacío todopoderoso, reflexiones sobre el arte zen y la estética contemporánea". Cartaphilus: revista de investigación y crítica estética, ISSN-e 1887-5238, Vol. 12, 2014, págs. 244-252. En: http://hdl.handle.net/10201/42391

Romero González, Antonio Pablo. *Asimilación y diferencia en el arte actual de Asia Oriental.* (Tesis doctoral dirigida por María Luisa Ortega Gálvez.) Madrid: Universidad Autónoma de Madrid, 2009. ISBN a789278. En: https://repositorio.uam.es/handle/10486/282

Sastre de la Vega, Daniel. *La génesis de la historia del arte en Japón. Teoría y práctica. De Okakura Kakuzo (1963-1913) a Tsuchida Bakusen (1887-1936).* (Tesis doctoral dirigida por Isabel Cervera.) Universidad Autónoma de Madrid, 2017. En: http://hdl.handle.net/10486/683145

Semenzato, Camillo. *Historia del arte, volumen 1: El arte antiguo; El arte en Oriente.* (Traducido por Jaume Rovira y Roman Bayona.) Barcelona: Grijalbo, 1996. ISBN 84-253-1616-2.

Sueiras Prieto, María del Mar. "El concepto de Horizontalidad: el denominado método continuo en las representaciones de la naturaleza del arte chino y japonés". ASRI: Arte y sociedad.

Bibliografía

Revista de investigación, ISSN-e 2174-7563, N.º 10, 2016.

Taranilla de la Varga, Carlos Javier. *Breve historia del Arte.* Madrid: Ediciones Nowtilus, 2014. ISBN 978-84-9967-557-2.

Walker, Brett L. *Historia de Japón.* (Traducido por Herminia Bevia Villalba.) Madrid: Ediciones Akal, 2017. ISBN: 978-84-460-4352-2.

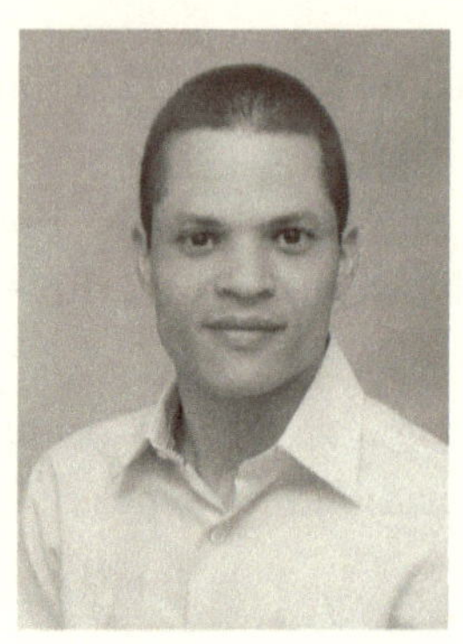

About the Author

Félix Gerónimo, dominicano (nacido en 1976), decidió conseguir al menos dos títulos universitarios. Empezó en la Pontificia Universidad Católica Madre y Maestra, donde le dieron una beca; luego de mucho estudiar (y tal vez un par de siestas estratégicas), salió con su flamante licenciatura en Derecho allá por el año 2007. No contento con eso, Félix cruzó el charco y aterrizó en Madrid, becado por la Agencia Española de Cooperación Internacional para el Desarrollo. Allí se dedicó a devorar libros. Entre tapas y paellas, se hizo con un Diploma de Estudios Avanzados (DEA) en Gobierno y Administración Pública por la Universidad Complutense en el año 2011.

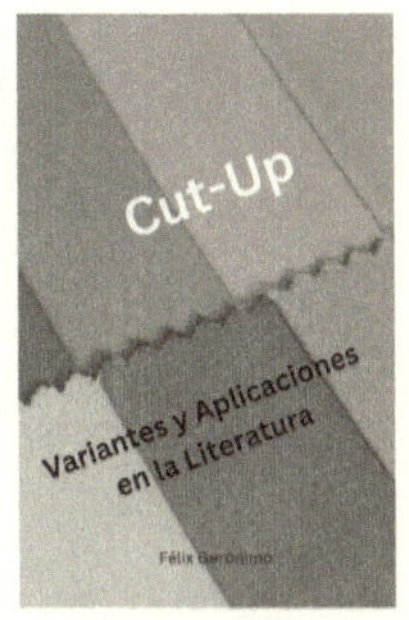

Cut-up: variantes y aplicaciones en la Literatura

"Cut-up: variantes y aplicaciones en la Literatura" es una obra esencial para cualquier escritor que desee expandir los límites de la creatividad literaria. Este libro desentraña la técnica del cut-up, desde sus orígenes con figuras icónicas como William S. Burroughs hasta su aplicación contemporánea en distintos géneros literarios.

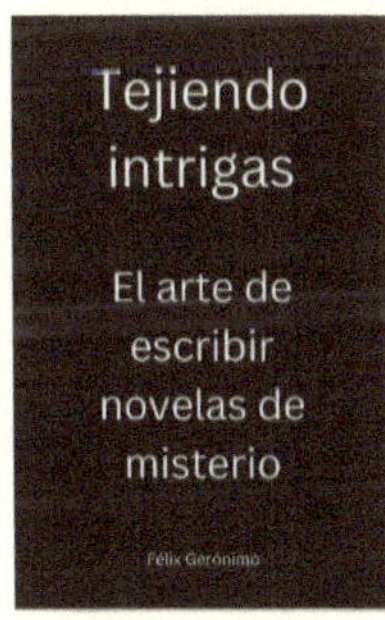

Tejiendo intrigas: el arte de escribir novelas de misterio

"Tejiendo intrigas: el arte de escribir novelas de misterio" es una guía esencial para aspirantes a escritores de misterio. Ofrece técnicas y consejos prácticos sobre construcción de tramas, desarrollo de personajes y creación de suspenso. Incluye ejemplos, análisis y recursos para ayudar a los autores a dominar el arte de tejer intrigas cautivadoras.

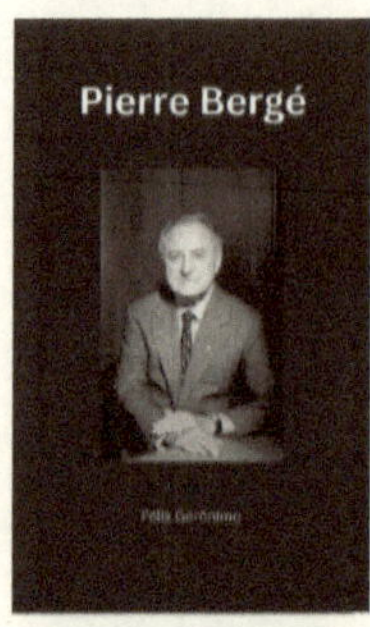

Pierre Bergé

"Pierre Bergé" narra la vida del influyente empresario francés, cofundador de Yves Saint Laurent, filántropo y activista cultural, destacando su impacto en la moda, el arte y la política.

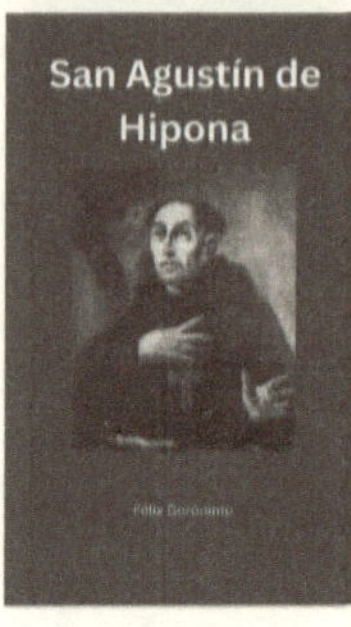

San Agustín de Hipona

¡San Agustín como nunca lo habías visto! De pecador a santo en esta breve biografía que mezcla confesiones, debates filosóficos y una vida llena de tantos giros como un guion de Hollywood.

www.ingramcontent.com/pod-product-compliance
Lightning Source LLC
Chambersburg PA
CBHW031130160726
47989CB00017B/2733